essentials

essentials liefern aktuelles Wissen in konzentrierter Form. Die Essenz dessen, worauf es als „State-of-the-Art" in der gegenwärtigen Fachdiskussion oder in der Praxis ankommt. *essentials* informieren schnell, unkompliziert und verständlich

- als Einführung in ein aktuelles Thema aus Ihrem Fachgebiet
- als Einstieg in ein für Sie noch unbekanntes Themenfeld
- als Einblick, um zum Thema mitreden zu können

Die Bücher in elektronischer und gedruckter Form bringen das Fachwissen von Springerautor*innen kompakt zur Darstellung. Sie sind besonders für die Nutzung als eBook auf Tablet-PCs, eBook-Readern und Smartphones geeignet. *essentials* sind Wissensbausteine aus den Wirtschafts-, Sozial- und Geisteswissenschaften, aus Technik und Naturwissenschaften sowie aus Medizin, Psychologie und Gesundheitsberufen. Von renommierten Autor*innen aller Springer-Verlagsmarken.

Weitere Bände in der Reihe http://www.springer.com/series/13088

Manfred Günther

Kinder- und Jugendhilferecht

Ein Überblick für Pädagogen, Psychologen, Kinderärzte und Politiker

2., aktualisierte und erweiterte Auflage

 Springer

Manfred Günther
Berlin, Deutschland

ISSN 2197-6708   ISSN 2197-6716 (electronic)
essentials
ISBN 978-3-658-35223-3   ISBN 978-3-658-35224-0 (eBook)
https://doi.org/10.1007/978-3-658-35224-0

Die Deutsche Nationalbibliothek verzeichnet diese Publikation in der Deutschen Nationalbibliografie; detaillierte bibliografische Daten sind im Internet über http://dnb.d-nb.de abrufbar.

Lektorat: Lisa Bender
Springer ist ein Imprint der eingetragenen Gesellschaft Springer Fachmedien Wiesbaden GmbH und ist ein Teil von Springer Nature.
Die Anschrift der Gesellschaft ist: Abraham-Lincoln-Str. 46, 65189 Wiesbaden, Germany

Was Sie in diesem *essential* finden können

- Grundlagen und Geschichte des Kinder- und Jugendhilferechts in Deutschland
- Alle wichtigen Angebote und Leistungen des SGB VIII mit Stand Juni 2021
- Die Bestimmungen für KiTa und für die Erzieherischen Hilfen
- Kinderschutz; Elternrecht; Gewaltprävention
- Der Hilfeplan; typische lehrreiche Fallbeispiele
- Alle Neurungen des KJSG wurden eingearbeitet
- Angrenzende Gesetze wie Jugendstrafrecht und das Familienrecht im BGB sowie der Verfahrensbeistand im FamFG
- Rolle des Jugendhilfeausschusses, der Planung und der Politik
- Wichtige Kommentare, Literatur sowie Weblinks

Inhaltsverzeichnis

Einleitung 1

Beim Versuch, *alles* was Kindern und Jugendlichen Recht ist, auf maximal 75 Seiten zusammenzufassen, muss man scheitern oder sehr geschickt Schwerpunkte setzen, die die relevanten Positionen erfassen und (ganz subjektiv) weniger wichtige auslassen. Hier nun wird kurz und gerafft all das vorgestellt, was in Deutschland das *Sozialgesetzbuch VIII – Kinder- und Jugendhilfe* ausmacht und es werden ein paar weitere in diesem Feld wichtige Gesetze gezeigt. Als Zielpersonen für diese Lektüre habe ich nicht Sozialrechts-JuristInnen oder erfahrene berufstätige SozialpädagogInnen vor Augen, sondern Menschen aus einschlägigen Arbeitsbereichen, die als Betroffene, als Eltern oder Unterstützer, als ÄrztIn oder LehrerIn eine kompakte Beratungshilfe suchen. Dazu kommt eine besondere Zielgruppe: es sind die Mitglieder der Jugendhilfeausschüsse, oftmals besetzt mit politisch engagierten MitbürgerInnen, die *nicht* Fachkräfte der Jugendhilfe sind.

Das SGB VIII sowie einige weitere Vorschriften zum Kinderschutz sind tatsächlich weitestgehend unbekannt. Zwei Beispiele: Der überregional bekannte Juraprofessor Uwe Wesel hat noch in der ersten Auflage seines Erfolgsbuches „Fast alles was Recht ist – Jura für Nichtjuristen" 1991 nicht einmal einen Halbsatz fürs Jugendwohlfahrts- bzw. Jugendhilfegesetz auf den 430 Seiten hinterlassen. Erst nachdem ich ihn darauf aufmerksam gemacht habe, wurde auch dieses Rechtsgebiet in den Folgeauflagen aufgegriffen. Im Jahr 2004 appellierte „Der Tagesspiegel" auf zwei ganzen Seiten an die Gesetzgeber, das „Kinderschutzgesetz" zu verbessern, seine Schwächen und Unklarheiten zu glätten. Eine Woche später musste meine umfängliche Gegenposition und Aufklärung abgedruckt werden, denn ein normatives Einzelfallgesetz, ein Kinderschutzgesetz, das man überarbeiten könnte, haben wir gar nicht. Es ging um das SGB VIII, um ein

Die Korrektur zu diesem Kapitel ist zu finden unter
https://doi.org/10.1007/978-3-658-35224-0_11

Mantelgesetz gleichen Namens sowie auch um das Gesetz zur Kooperation und Information im Kinderschutz (KKG), das die Autorin nicht kannte.

Deutschland stellt bereits seit 1923 ein entwickeltes Jugendwohlfahrtsgesetz bereit, das auch von 1945 bis 1990 in der BRD seine Dienste tat. Der Faschismus hatte es wie auch die meisten anderen Gesetze verunstaltet (siehe Abschn. 1.2). Die DDR hatte von 1949–1990 allerdings einen anderen Zugang gewählt, Häuser der Jugend gehörten entweder zum Bildungsbereich, waren Einrichtungen der halbstaatlichen Jugendorganisation FDJ, und geschlossene Heime waren Teil der Jugendjustiz; auf Details kann in diesem kleinen Buch nicht eingegangen werden. Hier geht es vor allem um das in Ost und West seit 1990/1991 gültige großartige neue SGB VIII, verabschiedet als Artikel 1 des viel zitierten und inhaltlich nicht mehr relevanten „KJHG", von dem im Übergang bis 1996 einige der Soll-Bestimmungen zunächst nur als Kann-Bestimmungen galten.

1.1   Rolle und Bedeutung der Jugendgesetzgebung

In der Bundesrepublik Deutschland mit ihren 16 Bundesländern ab 1991 liegen zahlreiche differenzierende Rechtsgrundlagen vor, die Familienangelegenheiten, Kinderschutz und andere Jugendfragen regeln. Im Mittelpunkt steht das SGB VIII, begleitet vom „KKG". Zentral sind ebenfalls Bundesgesetze und Einführungsgesetze (prominent das Bürgerliche Gesetzbuch BGB, darin steht das „Familienrecht"), es folgen das „Familiensachen und freiwillige Gerichtsbarkeits-Gesetz" FamFG sowie Länder-Ausführungsgesetze, denn jedes Bundesland hat ein AG zum Kinder- und Jugendhilfegesetz (AG KJHG) sowie ein Landes-KiTa-Gesetz. Am Rande stehen Rechtsverordnungen der Länder, Verwaltungsvorschriften, Richtlinien und Rundschreiben im Bereich Jugendhilfe, Schule und Soziales.

Darüber hinaus zählen wir zur Jugendgesetzgebung das Jugendgerichtsgesetz, das Jugendschutzgesetz, Jugendarbeitsschutzgesetz und das wichtige, kaum öffentlich wahrgenommene Gesetz über die religiöse Kindererziehung (siehe Abschn. 9.6). Eine Würdigung und Einschätzung weiterer Positionen wie des Adoptionsvermittlungsgesetzes oder gar des europäischen Haager Minderjährigenschutzabkommens oder internationalem „Recht", wie es die UN-Kinderkonvention darstellt, kann in diesem schmalen *essential*-Buch nicht geleistet werden.

1.2   Geschichte des Deutschen Jugendhilferechts

1921 lag dem Reichstag ein Entwurf für ein „Reichsgesetz Jugendwohlfahrt RJWG" vor. Es sollte 1924 mit allen Positionen gültig werden. Wegen der Wirtschaftskrise kam dann doch nur eine eingedampfte Variante in Kraft. Sehr viel später, erst 1953, wurde im Zuge einer Novelle auf das Werk von damals zurückgegriffen.

Vom Charakter her sollten vor allem zwei Aspekte unterstrichen werden: man brauchte ein *Erziehungsgesetz,* damit geregelt war, was man mit Minderjährigen mit stark abweichendem Verhalten trotz des Elternrechts auf Erziehung tun könnte und zweitens schien es in diesen Jahren enorm wichtig, ein entsprechendes *Jugendbehördengesetz* zu fixieren mit dem Ziel der Organisation von sogenannten Jugendämtern.

Die Nazi-Diktatur schaffte die Jugendwohlfahrtsausschüsse ab und formte auch auf diesen Ebenen das Führerprinzip: Nur Behörden*leiter* beschieden. In der Praxis ging man darüber hinaus, Willkür war an der Tagesordnung. 1945 führten die Alliierten das ursprüngliche, aber verkürzte JWG ein und 1953 kam es zum Rückgriff auf die „echte, alte" RJWG-Fassung aus den 1920ern.

Inhaltlich lieferte diese Novelle bis 1990 einen ordnungspolitischen Text mit im Kern autoritären Fürsorgekonzepten. Auf der einen Seite galt, immer Respekt vor dem Grundgesetz-Artikel 6, dem *Wächteramt* zu bekunden, denn das Elternrecht, die Familie, stand und steht im Mittelpunkt unseres sozialen Handelns. Gab es aber deutliche sozialpädagogische Defizite in den Familien, konnten *Maßnahmen* ergriffen werden, die bis heute (40 Jahre nach Verabschiedung des anders aufgestellten SGB VIII) in den Köpfen von potenziell Betroffenen stecken: Angst vor „Fürsorgeerziehung", Angst vor Eingriffen wie Herausnahme *ohne* Einbeziehung bzw. Beantragen von und durch die Sorgeberechtigten. 1990 wurden aus Maßnahmen *Leistungen,* aus Eingriffen *Angebote* und anstelle von reinen Behördendiktaten (immer nur „zur Verhütung des Schlimmsten" natürlich) erfolgte *Einbeziehung;* hinzu kam das sogenannte Wunsch- und Wahlrecht sowie eine differenziert angelegte Hilfeplanung.

1.3   Hilfen zum besseren Verständnis dieser Sozialgesetze

Bei unserem heutigen Jugendhilfegesetz handelte es sich um ein Vorhaben mit langem Vorlauf, das der deutsche Gesetzgeber seit etwa 1970 vorantrieb, und es geht um einen Teil der umfänglichen reformierten Sozialgesetzgebung. Im Moment liegen zwölf Sozialgesetzbücher vor, ein 13. „Soziale Entschädigung" ist für 2022 geplant. Das BAföG und andere, auch kleinere Leistungsgesetze wurden nicht in den Kanon der SGB integriert; Bundeskindergeldgesetz, Elterngeld/Elternzeitgesetz u. v. a. flankieren ihn. Als Teil des SGB gelten für unser SGB VIII auch Festlegungen der anderen Teile.

Der „Allgemeine Teil" (I) und der Teil X „Sozialverwaltungsverfahren und Sozialdatenschutz" zeigen wesentliche Bestimmungen, die übergreifend gültig sind. Sie beinhalten u. a. die Aufklärungs- und Auskunftspflicht gegenüber der Bevölkerung, regeln Fragen der bürgernahen Antragsstellung und Fristen, die die Behörden einzuhalten haben, zeigen die Handlungsfähigkeit bereits von 15-Jährigen und definieren den Rechtsanspruch sowie die pflichtgemäße Ausübung des Ermessens durch die Leitungen der Verwaltung der Jugendämter.

Die anderen Sozialgesetze befassen sich dann mit spezifischen Fragen oder spezifischer Klientel:

- Arbeitsförderung (III),
- Krankenversicherung (V),
- Rente (VI),
- Unfall (VII),
- Reha (IX),
- Pflegeversicherung (XI) und
- Sozialhilfe (XII, früher als BSHG bekannt).

Das SGB VIII Kinder- und Jugendhilfe kam also 1990 auf die Welt mithilfe des KJHG (das bildhaft betrachtet verschwand, so wie ein Storch, der ein Baby anliefert, wieder verschwindet). Das *Artikelgesetz* hat schon seit 1996 keine Bedeutung mehr, da sich inzwischen nahezu alle Positionen im SGB VIII entweder durch Änderungsgesetze oder durch Novellen geändert haben. Allein in den ersten 15 Jahren bis zum „KICK" änderte man es 36 Mal. Diese 2. Auflage berücksichtigt die Verabschiedung zahlreicher inzwischen rechtsgültiger Positionen aus dem „KJSG", wie sie am 7. Mai 2021 vom Bundesrat beschlossen worden sind, in Kraft ab dem 4. Juni 2021. In der 1. Auflage hatte das Kap. 10 noch die Aufgabe, diese KJSG-Pläne zu zeigen, jetzt beschreibt das Kap. 10 u. a. die Zeitleiste „Zukunft der Inklusion" – große Lösung.

Abkürzungsliste im Buch zitierter Gesetze sowie anderer relevanter Vorschriften und Abkommen

AdVermiG	Adoptionsvermittlungsgesetz
AG KJHG	(Landes-)Ausführungsgesetz zum SGB VIII > *jeweils für alle 16 Länder*
BAB	Berufsausbildungsbeihilfe
BAföG	Bundesausbildungsförderungsgesetz

BBiG	Berufsbildungsgesetz
BEEG	Gesetz zum Elterngeld und zur Elternzeit
BGB	Bürgerliches Gesetzbuch
BKGG	Bundeskindergeldgesetz
BRJ	Berliner Rechtshilfefonds Jugendhilfe e. V.
BTHG	Gesetz zur Stärkung der Teilhabe und Selbstbestimmung von Menschen mit Behinderungen, Bundesteilhabegesetz > *ein Artikelgesetz aus 2016, geändert im Juni 2021*
BMFSFJ	Bundeskinderschutzgesetz: > *ein Artikelgesetz aus 2012* „Gesetz zur Stärkung eines aktiven Schutzes von Kindern und Jugendlichen"
BVJRH	Bundesverband der Jugendrechtshäuser e. V.
EGV	Vertrag zur Gründung der Europäischen Gemeinschaft
EinglHV	Eingliederungshilfe-Verordnung
FamFG	Gesetz über das Verfahren in Familiensachen und in den Angelegenheiten der freiwilligen Gerichtsbarkeit
GG	Grundgesetz
GjS	Gesetz über die Verbreitung jugendgefährdender Schriften
HzE	Hilfe(n) zur Erziehung; erzieherische Hilfe(n)
ICD	Internationale Klassifikation von Krankheiten
ICF	Internationale Klassifikation der Funktionsfähigkeit, Behinderung und Gesundheit
JArbSchG	Jugendarbeitsschutzgesetz
JFDG	Jugendfreiwilligendienstgesetz > *organisiert das Freiwillige Ökologische Jahr sowie das Freiwillige Soziale Jahr*
JGG	Jugendgerichtsgesetz
JHA	Jugendhilfeausschuss
JMStV	Jugendmedienschutz-Staatsvertrag
JuSchG	Gesetz zum Schutz der Jugend in der Öffentlichkeit
JWG	Jugendwohlfahrtsgesetz
KErzG	Gesetz über die religiöse Kindererziehung
KICK	„Gesetz zur Weiterentwicklung der Kinder- und Jugendhilfe" > *ein Artikelgesetz aus 2005*
KindArbSchV	Kinderarbeitsschutzverordnung
KiTaG	(Landes-)Kindertages(betreuungs)gesetz > *jedes Bundesland hat eines*
KiQuTG	„Gesetz zur Weiterentwicklung der Qualität und zur Teilhabe in der „Gute-KiTa-Gesetz" Kindertagesbetreuung", *kürzer:* „KiTa-Qualitäts- und – Teilhabe- verbesserungsgesetz" > *ein Artikelgesetz aus 2019*

KJHG	„Kinder- und Jugendhilfegesetz" > *ein Artikelgesetz von 1990 bzw. 1991; > KJHG-Artikel 1 darin ist das SGB VIII*
KJSG	„Kinder- und Jugend Stärkungsgesetz" > *ein Artikelgesetz aus 2021*
KKG	Gesetz zur Kooperation und Information im Kinderschutz
KM/KV	Kindesmutter/Kindesvater
KostenbeitragsV	Kostenbeitragsverordnung > *mit er Anlage „Kostentabelle", Heranziehung gem. §§ 91 ff SGB VIII*
KSÜ	Haager Übereinkommen über den Schutz von Kindern
MuSchG	Mutterschutzgesetz
RJWG	Reichsgesetz Jugendwohlfahrt
SGB I	Sozialgesetzbuch – Allgemeiner Teil
SGB VIII	Kinder- und Jugendhilfe
SGB IX	Rehabilitation und Teilhabe behinderter Menschen
SGB X	Sozialverwaltungsverfahren, Sozialdatenschutz
SGB XII	Sozialhilfe
StGB	Strafgesetzbuch
StPO	Strafprozessordnung
TeilhStG	Teilhabestärkungsgesetz > ein Artikelgesetz vom 02.06.2021
UNBRK	Vereinte Nationen: Übereinkommen über die Rechte von Menschen mit Behinderungen, UN-Behindertenrechtskonvention > *von 2008, ratifiziert von Deutschland 2009*
UNKRK	Übereinkommen über die Rechte des Kindes, UN Kinderrechtskonvention > *1990, von Deutschland z. T. übernommen seit 1992, vollständig seit 2010*
UVG	Unterhaltsvorschussgesetz
VwVfG	Verwaltungsverfahrensgesetz

Grundsätze, Strukturen, Aufgaben, Gerichte 2

Beim Jugendhilferecht handelt es sich im Wesentlichen um ein Leistungsrecht. Auch kümmert es sich um den Kinderschutz in Abstimmung mit dem Familienrecht im BGB. Im Weiteren legt das Gesetz fest, wer die Gesamtverantwortung trägt, regelt die örtliche Zuständigkeit und Fragen der Zusammenarbeit, es definiert die Kosten-Beteiligung/-Erstattung sowie Verfahrenspflege und Vormundschaft. Es gibt das SGB VIII, weil Kinder- und Jugendhilfepolitik ein eigenständiger Bereich flankierend zur Familienpolitik ist. Es ist abhängig vom Artikel 6 Grundgesetz, der das Elternrecht hervorhebt: „Ehe und Familie stehen unter dem besonderen Schutz der staatlichen Ordnung" (ebenso: „jede Mutter"). Versagen die Eltern sichtbar, kann im Zuge des sogenannten Wächteramts über zuständige Behörden eingegriffen werden – und nur dann.

Das SGB VIII nun macht den Familien zusätzliche Angebote zur Unterstützung, auf die die Betroffenen *einen Rechtsanspruch* haben; es kümmert sich vor allem um Minderjährige und deren Eltern; bis 1975 begann die Volljährigkeit in der BRD erst mit 21. Wohl deshalb und um Übergänge abzufedern, können auch Heranwachsende (18–21) „harte" Leistungen erhalten. Selbst über 21-Jährige kommen ggf. noch in den Genuss von Angeboten der *Jugendarbeit,* die für alle „jungen Menschen" bis etwa 27 zuständig ist.

Die eigentlichen Angebote erfolgen in der Regel bzw. überwiegend durch Freie Träger, neudeutsch NGOs, die wiederum in der Regel der LIGA der Freien Wohlfahrtsverbände angehören. Das Subsidiaritätsprinzip besagt, dass eine NGO zu bedienen und dem Kommunalen Träger vorzuziehen ist, wenn sie die Leistung erbringen kann. Berlin (West) hatte jahrzehntelang mehr Öffentliche Einrichtungen (KiTa, Heime, Freizeitstätten), historisch bedingt.

© Springer Fachmedien Wiesbaden GmbH, ein Teil von Springer Nature 2021
M. Günther, *Kinder- und Jugendhilferecht*, essentials,
https://doi.org/10.1007/978-3-658-35224-0_2

2.1   Wie klage ich mein Recht ein?

Die Kerne des SGB VIII sind – wie wir sehen werden – Angebote der örtlichen Dienste. Diese können direkt beim Jugendamt der Kommune, des Kreises oder des Bezirks – einer Behörde im Öffentlichen Dienst – oder bei Freien Trägern der Jugendhilfe angesiedelt sein. Für Betroffene ist es ist ohne Belang, ob die Träger Vereine sind oder private Wirtschaftsunternehmen. Es macht auch keinen Unterschied, ob der Jugendhilfedienstleister z. B. unter dem Dach des Paritätischen, der Diakonie, der AWO oder der Caritas wirkt oder ganz eigenständig; faktisch sind die meisten Träger gemeinnützig. Kommt es angesichts einer für die Zielperson wohl passenden Rechtsnorm zum Konflikt über Dauer, Qualität oder Art der Hilfe, setzen sich die Anspruchsberechtigten mit dem Jugendamt auseinander, das solche Hilfen in der Regel auf Antrag der Eltern zeitnah zu bearbeiten hat und das die Kosten zu tragen hat. Lehnt das Jugendamt z. B. einen (Verlängerungs-)Antrag auf Teilnahme an Angeboten der Sozialen Gruppenarbeit gemäß § 29 ab (eine wenig kostspielige Angelegenheit und qualitativ ein „unbestimmter Rechtsbegriff"), oder reagiert es überhaupt nicht auf den Antrag, obwohl er nachweislich mündlich bzw. schriftlich beim zuständigen Sachbearbeiter vorgetragen worden ist, so haben die irritierten Antragsteller zunächst einen Widerspruch zu formulieren.

Die Verwaltung hat sich an Fristen zu halten, muss innerhalb von 14 Tagen einen Zwischenbescheid schicken und innerhalb von 6 Wochen „bescheiden", so das Fachwort für einen Brief mit einer Entscheidung. Wird nun in unserem Beispielfall auch der Widerspruch abgelehnt, können die Betroffenen klagen. Das geschieht nicht im Rahmen einer Privatklage (diese ist nur bei Bürgern gegen Bürger angezeigt) und auch nicht beim Sozialgericht (das sich in der Regel befasst mit Leistungssätzen bzw. mit Geldern, die nicht in ausreichender Höhe oder gar nicht an bedürftige Bürger entrichtet werden). Auseinandersetzungen um Angebote bzw. Leistungen der Jugendhilfe werden von den *Verwaltungsgerichten* bearbeitet. Dazu benötigt man nicht einmal unbedingt einen Rechtsbeistand, denn das Gericht verfügt über eine Rechtsantragsstelle (genau wie das Familiengericht und das Arbeitsgericht), die wohlwollend das Anliegen prüft und bei der Formulierung der Klage hilft. „Liegen Rechtsansprüche vor, sind die Tatbestandsvoraussetzungen und die Rechtsfolgen geklärt, so kann das Gesetz die leistungsverpflichtenden öffentlichen Träger unterschiedlich in die Pflicht nehmen" (Münder, J. 2007, S. 48). Betroffene werden also zur Kenntnis nehmen müssen, dass es unterschiedliche Rechtsqualitäten gibt: die Grobeinteilung lautet „muss, soll, kann". Sagt der Paragraf „Förderung ist zu gewährleisten", so handelt

es sich zwingend um einen Anspruch, ebenso, wie wenn dort steht „...*muss* gefördert werden." Sag das Gesetz „Hilfen *sollen* geleistet werden", so ist in aller Regel
zu leisten. In seltenen Ausnahmen kann es vorkommen, dass eine gut begrün-
dete Ablehnung erfolgt, im Rahmen des Ermessens. Schließlich kann ein Paragraf
auch festhalten „es *können* sozialpädagogisch begleitete Hilfen genutzt werden",
dann handelt das Amt korrekt, wenn es häufig ablehnt und in bestimmten Fällen
gutbegründet leistet, denn es „kann" leisten, muss aber nicht.

2.2   Rechtsanspruch und Ermessen

Hält sich das Gericht angesichts der Leistungsklage für zuständig, so prüft es
den ablehnenden Vorgang. Das Verwaltungsgericht fällt kein inhaltliches Urteil
zur Leistung. Es sieht nur nach, ob 1. im Sinn des Gesetzes bei den Klagenden
ein subjektiver, öffentlicher Rechtsanspruch besteht, ob 2. die Zielperson für die
Leistung zum Personenkreis mit seinen Merkmalen gehört, die im Gesetzt benannt
werden, also bedürftig ist, und macht sich schließlich 3. ein Bild davon, ob die
Behörde, das Jugendamt (Gegner ist immer der Jugendamts-Leitung/-DirektorIn)
ermessensfehlerfrei beschieden hat. Das Verwaltungsgericht entscheidet also gar
nicht fachlich. Zwar kann die Behörde Zweckmäßigkeitserwägungen vortragen,
muss aber immer *pflichtgemäß* – das heißt *nicht willkürlich* entscheiden. Vielleicht erscheint dieses Juristendeutsch so kompliziert, dass Betroffene gar nicht
erst den Weg gehen wollen. Dies wäre wenig mutig, denn es geht schlicht darum,
dass zwar immer ein bisschen Ermessen zu tolerieren ist, aber bei Überprü-
fung der Sachlage und der drei Faktoren den RichterInnen ggf. schnell klar
wird, dass die Behörde die Ablehnung fehlerhaft herausgab (drei Begründun-
gen wären möglich: Ermessens-Ausfall, oder Ermessens-Überschreitung, oder
Ermessens-Fehlgebrauch).

Bestes Beispiel ist eine Begründung, die auf die Haushaltslage der Kommune
verweist: „Wir haben so viele Fremdunterbringungen z. Z. und so viele ambulante
Familienhilfen, dass bereits Anfang August alle dafür in den Haushalt gestellten
Mittel ausgegeben sind". Das wäre ein klassischer Ermessensfehlgebrauch: Denn
Geld spielt keine Rolle; wenn der Anspruch besteht, müssen die im Bundesgesetz
versprochenen Hilfen auch vermittelt werden. Das Gericht wird die Jugendamtsdirektion unverzüglich beauftragen, neu zu bescheiden im Interesse der Klientel.
In den ersten 10 Jahren des SGB VIII wurde sehr wenig von Eltern oder jungen
Volljährigen geklagt; gelegentlich gab es Auseinandersetzungen um den unbedingten, subjektiven Rechtsanspruch auf einen KiTa-Platz, denn die Ämter hatten
den Bedarf nur geschätzt und Plätze entsprechend der Schätzungen, die in etwa

Durchschnittswerten entsprachen, eingerichtet. Manchmal blieb den Eltern dann nur, eine Einrichtung zu nutzen, die viele Kilometer entfernt liegt. Nach dem Jahr 2000 wurde häufiger geklagt, und meistens erfolgreich (mehr über KiTa in Kap. 7).

Immer wieder zeigte sich, dass die Verwaltungen der Jugendämter als selbstbewusste Autorität auftraten und falsche Tatsachenbehauptungen aufstellten. Typisch war, dass z. B. Heranwachsenden der Antrag auf Leben in einer betreuten Jugend-WG abgelehnt wurde mit der Begründung, sie seien schon als über 18-Jährige nun erstmals ans Jugendamt herangetreten; es gehe also nicht um eine Fortsetzung der Jugendhilfe, die mit 17 wohl nötig und richtig war. Aber im Bundesgesetz steht nicht, dass über 18-Jährige nicht „neu" hinzukommen können, im Gegenteil. Also wurden diese Bescheide *kassiert* und in einem nächsten Schritt kam der junge Mensch schließlich an seine Leistung. Die Voraussetzungen müssen natürlich erfüllt sein, so sollte sich junge Mensch um *vorrangige* Hilfen auf jeden Fall auch vorher gekümmert haben.

2.3   Nachrangigkeit

Unsere Sozialgesetze stehen nicht nebeneinander. Sie sind nicht gleichberechtigt und Bedürftige können sich nicht aussuchen, aus welchem SGB sie nötige (Geldbei-)Hilfen erhalten möchten. Das SGB VIII ist dem SGB XII – Sozialhilfe – gegenüber vorrangig sowie namentlich auch dem SGB IX, vgl. § 10 SGB VIII. Im Umgang mit der Sozialhilfe haben wir es leicht, sie ist nämlich immer nachrangig. Mit anderen Worten: wenn nichts mehr geht, wenn über die Leistungen der anderen deutschen Sozialgesetzbücher nichts oder zu wenig zu holen ist, dann tritt u. U. das SGB XII ein und zahlt den BürgerInnen weiteres Geld, um den festgelegten Sozialhilfebedarf zu erfüllen. Niemand soll ohne bescheidene Wohnung sein und niemand ohne das nötige Kleingeld zum Lebensunterhalt. Bevor Jugendhilfe z. B. sowohl eine betreute Unterbringung für eine 17-Jährige als auch Kosten für eine Fachschul-Ausbildung in Jugendhilfe gemäß § 13 (3) sowie darüber hinaus den Regelsatz zum Lebensunterhalt zahlt, kann sie von der minderjährigen Person, vertreten durch die Sorgeberechtigten, verlangen, dass Anträge auf BAföG und Anträge auf Wohngeld gestellt worden sind, denn das sind aus Jugendhilfesicht *vorrangige* Leistungen. 17-Jährige können selbst solche Anträge stellen, denn das SGB I (Allgemeiner Teil) sagt dazu klar im § 36 Handlungsfähigkeit: „Wer das Fünfzehnte Lebensjahr vollendet hat, kann Anträge auf Sozialleistungen

stellen und verfolgen und Sozialleistungen entgegennehmen". Damit ist sichergestellt, dass z. B. Auszubildende, denen eine 40-h-Woche zugemutet wird, auch
für das Geld verantwortlich zeichnen, das sie dafür erhalten.

2.4 Kooperation, Einbeziehung

Wir wollen nicht verheimlichen, dass es eine Reihe von Instrumenten gibt, die
es Betroffenen und Sorgeberechtigten erleichtert, Einblick in die Hilfearten zu
erhalten. Eltern werden nicht nur im direkten Gespräch mit der Sachbearbeitung
bedient, sondern sollen auch bei der Hilfeplanung gehört und beteiligt werden, denn das SGB VIII sieht das so über den § 36 (1) und (2) sowie über
dazugehörige Verwaltungsvorschriften vor. § 4 a sieht vor, dass die Öffentliche
Jugendhilfe auch mit Selbsthilfe-Zusammenschlüssen kooperiert. Und gleich zu
Beginn des Paragrafendschungels in § 1 wird nunmehr auch die Erziehung zu
einer *selbstbestimmten* Persönlichkeit als Rechtsanspruch fixiert.

Die Anspruchsberechtigten haben auch ein „Wunsch und Wahlrecht", das ist
das Recht, in Abstimmung mit dem Jugendamt zwischen Einrichtungen und
Diensten verschiedener Träger zu wählen und Wünsche hinsichtlich der Gestaltung der Hilfe zu äußern (SGB VIII, § 5 (1)). Die Wünsche sollten aber nicht
überdurchschnittlich teuer sein. Viele Jahre lang war „Einbeziehung" das Stief-
kind der Verwaltung der Jugendämter. Statt Sorgeberechtigte, ältere Kinder und
Jugendliche mit an den Tisch zu holen, erfolgte die Hilfeplanung nicht selten
unter Federführung der „Wirtschaftlichen Hilfen" in den Ämtern, im Auftrag
der Amtsleitung. Verwaltungsbeamte fixierten „Maßnahmen", Fachkräfte sahen
zu. Heute gibt es Standards: SozialpädagogInnen leiten die Sitzung und mehrere
Fachkräfte wirken zusammen. In diesem Aushandlungsprozess ist die Einbeziehung von Eltern und Jugendlichen (ab 15 sind diese dabei wohl „unabkömmlich")
sicher eine Herausforderung für die Gesprächsleitung. Wird eine nicht kurzfristige
Hilfe zur Erziehung vereinbart, müssen die Eltern einverstanden sein und werden
zu den Kosten herangezogen, es sei denn, dies verunmöglicht im Ausnahmefall
die Annahme der Hilfe.

Übriggens haben auch „Ausländer" diese Rechtsansprüche, wenn sie rechtmä-
ßig im Inland leben oder geduldet sind.

2.5   Behörden und andere Anlaufstellen

Örtlich zuständige Jugendämter (im engeren Sinn: die Verwaltung der Jugend-
ämter) gelten als die Anlaufstellen, wenn BürgerInnen mit Erziehungs- und
Familienproblemen Rat suchen. Die §§ 16 und 17 SGB VIII verpflichten diese
Ämter, Beratung, Unterstützung und eventuell Leistungen zu liefern. Die Ämter
können verweisen auf Dienste außerhalb der Behörde: so gibt es in Deutsch-
land ziemlich flächendeckend Erziehungs- und Familienberatungsstellen vor allem
Freier Träger, neudeutsch *NGOs;* nur in Berlin sind es überwiegend bezirkliche
Erziehungs- und Familienberatungsstellen. Manchmal tragen diese anerkannten
Dienste auch weitere Zielgruppen im Eigennamen wie *Paar-, Jugend-* oder
Lebensberatung. Neu ist im § 8 (2) geregelt, dass sich Kinder und Jugendliche
ohne Einschränkung ans Jugendamt wenden können – eine Not oder Konflikt-
lage muss nicht mehr zwingend vorliegen; gibt es „Stress" mit der Jugendhilfe,
können im Konfliktfall bald auch flächendeckend sogenannte Ombudsstellen auf-
gesucht werden; diese haben ab sofort (Stand: Juni 2021) gem. § 9 a in allen
Bundesländern zu entstehen.

Häufig wird Kritik an Entscheidungen der Jugendämter laut. Unter-
schiedlichste Personen widersprechen den Behördenvertretern: Eltern/Elternteile,
Betroffene Jugendliche und Heranwachsende, Lehrpersonal, involvierte SozialpädagogInnen und auch nicht selten PsychotherapeutInnen. Ein Recht auf
Widerspruch hat nurs die anspruchsberechtigte Person, also bei den meisten
Jugendhilfen die *Eltern,* die *jungen Volljährigen* und bei Psychotherapie gemäß §
35a *das Kind.*

Es gab und gibt in Deutschland nur sehr wenige, vielleicht 15 bis 30 *Jugendbe-
ratungsstellen,* die per Konzeption interessengeleitet und parteilich Ratsuchende
versorgen. Allerdings können wir in den letzten 10 Jahren beobachten, wie
die Bewegung für Kinder- und Jugendhilfe-Ombudsstellen vorankam. So arbeitet in Frankfurt/Hessen ein freier Träger, *Aktion Mensch* gefördert, mit dem
Versprechen: „Wir informieren junge Menschen über ihre Rechte, fördern die
Beteiligungsstrukturen von Kindern und Jugendlichen in Einrichtungen und Pflegefamilien und bilden ein ehrenamtliches Beratungsnetzwerk". In Berlin, beim
sogenannten BRJ, den es seit 2002 gibt, werden seit 2008 mithilfe einer *Netz-
werkstelle Ombudschaft* bundesweit 14 Projekte koordiniert. Tatsächlich gibt es
in der Hauptstadt bereits seit 2014 eine anerkannte, vom Jugendsenat im Rahmen
eines Modellprojekts finanzierte *Ombuds- und Beschwerdestelle Jugendhilfe.* Nun
wurde dieser Ansatz Gesetz:

„In den Ländern wird sichergestellt, dass sich junge Menschen und ihre Familien zur
Beratung in sowie Vermittlung und Klärung von Konflikten (...) an eine Ombudsstelle
wenden können. Die hierzu dem Bedarf (...) entsprechend errichteten Ombudsstellen
arbeiten unabhängig und sind fachlich nicht weisungsgebunden." (SGB VIII, § 9 a)

„Programmaufgaben-Rechtsansprüche" wie: „es gibt hier gar keine Erziehungsbe-
ratungsstelle", oder: „das nächste Jugendfreizeitheim liegt über 10 km weit weg"
wären nicht Thema einer Ombudsstelle; solche fachpolitischen Fragen ließen
sich aber vorzüglich mittels der politischen Opposition im örtlichen Jugendhilfeausschuss vorantreiben, denn das Jugendamt besteht ja aus der Verwaltung des
Jugendamts *und* dem Jugendhilfeausschuss …

Junge Hochschulangehörige sollten die örtlichen Studierendenwerke aufsuchen. SchülerInnen können im Konfliktfall die gewählten VertrauenslehrerInnen
befragen, sich an SchulsozialarbeiterInnen wenden und auch die Schulpsycho-
logischen Dienste kontaktieren, auf Wunsch sogar anonym. Nicht selten werde
ich von Großeltern um Hilfe gebeten: für diesen Personenkreis sieht das Gesetz
keine Ansprechpersonen vor. Was Rechtsberatung im engeren Sinn durch qualifizierte JuristInnen in Kanzleien angeht, müssen wir ein großes Defizit zur Kenntnis
nehmen. In Deutschland gibt es kaum auf Jugendhilfe spezialisierte FachjuristIn-
nen. Auch FamilienrechtlerInnen sind nicht wirklich immer kompetent, wenn es
um wichtige Details im Zuge der Gewährung Erzieherischer Hilfen des SGB VIII
geht, Ausnahmen bestätigen die Regel. Sicher nicht in jedem Kreis, aber in vielen
Großstädten sind sicherlich auch solche Kanzleien zu finden.

2.6   Jugendrecht: Struktur und Relevanz der Kapitel

Das deutsche Jugendrecht besteht im Kern aus dem *SGB VIII – Kinder und
Jugendhilfe,* ein Sozialgesetz mit nun rund 130 Paragrafen. Dieses *essential* richtet sich auf jene Abschnitte, die wichtig sind für Familien, junge Menschen und
für pädagogisches Personal aller Art. Wir wollen hier keinen systematischen
Miniatur-Kommentar versuchen, sondern möglichst viele der Inhalte von allge-
meinem Interesse erläutert ausbreiten. Die Reihenfolge entspricht auch nicht – wie
in allen anderen Texten zum SGB VIII – der Gliederung im Gesetz selbst. Unserem Inhaltsverzeichnis vorn ist zu entnehmen, was uns am wichtigsten ist: Es geht
um die verbrieften *Leistungen* vor allem des Zweiten Kapitels (SGB VIII, §§ 11–
41), einschließlich *Eingliederungshilfe.* Ergänzt werden diese durch bestimmte
„Allgemeine Vorschriften" wie *Kinderschutz* sowie durch „Andere Aufgaben" wie

Inobhutnahme und *Zuarbeit für Familiengerichte, Verfahrenspfleger* aus dem Dritten Kapitel SGB VIII. Bezogen auf das 8. Kapitel haben wir noch Fragen der *Zusammenarbeit* und der *Planung* herausgegriffen sowie in dieser 2. Auflage das im Juni 2021 verabschiedete KJSG eingearbeitet. Das ganz neue Kap. 10 befasst sich mit Inklusion, den Geschlechtern und mit Gender Mainstreaming.

Jugend(sozial)arbeit, Jugendschutz, Erziehungsförderung

3.1 Jugendarbeit, Jugendsozialarbeit

Die vielfältigen „Leistungen der Jugendhilfe" werden im SGB VIII eröffnet mit Jugendarbeit sowie Jugendschutz. Während der § 11 die Jugendarbeit definiert, kümmert sich § 12 um die selbstorganisierte Tätigkeit von Jugendverbänden und Jugendgruppen; § 13 beschreibt Jugend- und Schulsozialarbeit. Die drei Angebotsarten müssen markant auseinandergehalten werden. Der Gesetzgeber möchte zunächst gewährleistet wissen, dass vielfältige Angebote der Jugendarbeit, darunter Jugendberatung, Kinder- und Jugenderholung, internationale Jugendarbeit, Jugendarbeit in Sport, Spiel und Geselligkeit sowie außerschulische Jugendbildung in einer Region angeboten werden. Solche Angebote dienen der Förderung der Entwicklung von „jungen Menschen", also 0 bis 27-Jährigen. Sogar Ältere können profitieren. Bei genauerer Betrachtung wird hier kein subjektiv öffentlicher Rechtsanspruch fixiert, sondern es handelt sich nur um *Programmsätze,* denen in § 11 (1) 1. eine Aufgabenzuweisung folgt. Damit wäre der öffentliche Träger aber verpflichtet, Angebote in diesem Sinn bereitzustellen. Tut er dies unzureichend, könnten Adressaten dies beklagen. Offenbar wird das Einklagen eines schlichten Programmsatzes wenig erfolgreich sein; es wäre eher zu empfehlen, den politischen Weg zu wählen und den *Jugendhilfeausschuss* (vgl. Abschn. 8.5) auf ein Manko in der Region aufmerksam zu machen. Neu im § 11 (1) ist seit 2021 dass „die Zugänglichkeit und Nutzbarkeit der Angebote für junge Menschen mit Behinderungen sichergestellt werden" soll.

Bei der Jugendsozialarbeit, wie sie im § 13 beschrieben wird, handelt es sich um eine so komplizierte Rechtsangelegenheit, dass sich selbst die „Gurus" der Branche streiten. Entsprechend unterschiedlich gehen Jugendämter damit um. Die weitest gehende Auslegung erfolgt im Interesse der Minderjährigen und Heranwachsenden: So werden Hilfen des § 13 im Abschnitt Angebote der Jugendarbeit

© Springer Fachmedien Wiesbaden GmbH, ein Teil von Springer Nature 2021
M. Günther, *Kinder- und Jugendhilferecht*, essentials,
https://doi.org/10.1007/978-3-658-35224-0_3

wie bei der Gewährung einer Erzieherischen Hilfe (HzE) gemäß §§ 29–35 an den § 27 (1) gebunden und werden damit quasi auch zu einer HzE. Einige Kommentatoren bezeichnen die Jugendsozialarbeit als „Dritte Säule" zwischen Jugendarbeit und den Erzieherischen Hilfen. „§ 13 Abs. 1 statuiert drei Tatbestandsvoraussetzungen, die kumulativ erfüllt sein müssen und beinhaltet mit der dort formulierten Sollbestimmung (…) eine klare objektiv-rechtliche Verpflichtung des zuständigen örtlichen Trägers der öffentlichen Jugendhilfe" (Wabnitz 2009, S. 63).

> „Jungen Menschen, die zum Ausgleich sozialer Benachteiligungen oder zur Überwindung individueller Beeinträchtigungen in erhöhtem Maße auf Unterstützung angewiesen sind, sollen im Rahmen der Jugendhilfe sozialpädagogische Hilfen angeboten werden, die ihre schulische und berufliche Ausbildung, Eingliederung in die Arbeitswelt und ihre soziale Integration fördern." (SGB VIII, § 13 (1))

Die in Absatz 2 genannten Bildungsmaßnahmen sowie die in Absatz 3 für SchülerInnen und Auszubildenden skizzierten sozialpädagogischen Wohnforman und Unterkünfte sind aber Kann-Bestimmungen. Einige Jahre nach Inkrafttreten des SGB VIII sind zunehmend Angebote der *schulbezogenen Jugendsozialarbeit* „auf den Markt" gelangt sind. Seit 2021 sind sie im § 13 a gesetzlich verankert:

> „Schulsozialarbeit umfasst sozialpädagogische Angebote …, die jungen Menschen am Ort Schule zur Verfügung gestellt werden. Die Träger der Schulsozialarbeit arbeiten bei der Erfüllung ihrer Aufgaben mit den Schulen zusammen. Das Nähere … wird durch Landesrecht geregelt. …."

Solche Angebote und Dienste können innerhalb als Schulsozialarbeit oder neben einer Schule *schulbezogen* arbeiten. Die Finanzierung erfolgt über Schule oder Jugendhilfe, je nach Landesprogramm. Schulstationen und Schulschwänzer-Projekte („Absentismus") sind bedarfsgerecht Teil der schulischen Angebote im zuständigen Bildungsressort.

3.2 Jugendschutz

Die Gesetzgebung in Deutschland hat – überfällig – in 2021 auch Fragen des Cybergroomings ins JuSchG aufgenommen. Nun werden Internetdienste verpflichtet, Vorsorgemaßnahmen zum Schutz der persönlichen Integrität von Kindern und Jugendlichen zu treffen. Zur besseren Orientierung wurden die Alterskennzeichnungen für Computerspiele und Filme modernisiert. Offene Chats sind ein Einfallstor für Mobbing sowie sexuelle Belästigung und werden nun genauso wie Kaufanreize/ glücksspielähnliche Angebote in die Alterskennzeichnung einbezogen. Die Aufsichtsbehörde „Bundesprüfstelle für jugendgefährdende Medien" wird ausgebaut zur „Bundeszentrale für Kinder- und Jugendmedienschutz". Die Länder werden im nächsten Jugendmedienschutz-Staatsvertrag 2022 Filter auf Geräteebene beschließen (vgl. Fuest). Ab Werk sollen Filter sämtliche Webseiten blockieren, die keine Alterseinstufung nach dem deutschen Standard melden – ein großer Aufwand, vielleicht technisch gar nicht praktikabel und außerdem ggf. zu umgehen. Das gilt dann auch für Erwachsene Nutzer, die die lächerliche Startfrage „über 18?" mit ja beantworten. Die Verbände und Branchen auf der anderen Seite haben leider keine zündenden Alternativ-Ideen, außer Beschwörung von „Eigenverantwortung der Jugendlichen im Umgang mit dem Internet".

Das Jugendschutzgesetz in Tabellenform (e = erlaubt; v = verboten)

§	Worin besteht das Problem?	0 bis 14	ab 14 bis 16	ab 16 bis 18
4	Gaststättenaufenthalt, ohne Eltern	v	v	e bis 24 Uhr
	Gast für ein Getränk/eine Mahlzeit bis 23 Uhr	e	e	e
	Gaststättenaufenthalt auf Reisen	e	e	e
	Aufenthalt in Nachtbars	v	v	v
5	Tanz, gewerblich-öffentlich	v	v	e bis 24 Uhr
	Tanz in Jugendhilfeeinrichtungen	e bis 22 Uhr	e bis 24 Uhr	e
6	Spielhallenbesuch, Glücksspiele	v	v	v
	Glücksspiele auf Volksfesten	e	e	e
9	Alkohol, Branntwein, öffentlich	v	v	v
	andere Alkohol-Getränke	v	v	e
	andere Alkoholika, mit Eltern	v	e	e
10	Rauchen in der Öffentlichkeit	v	v	v
	(das sind Tabak, E-Zigaretten, Shisha)			
11	Freigegebene Filme, allein, bis 20 Uhr	e ab 6 bis 14	e	e
	allein, Film endet nach 20 Uhr	v	e	e
	allein, Film endet nach 22 Uhr	v	v	e
	allein, Film endet nach 24 Uhr	v	v	v

Die konkreten Jugendschutzbestimmungen (siehe Tabelle) sind nahezu allen BürgerInnen bekannt; wir finden sie immer wieder auf kleinen Wandtafeln und
müssen z. B. in Gaststätten gut sichtbar ausgehängt werden. Da es sich bei der
Regelung zum Gaststättenbesuch um ein *Schutzgesetz* handelt, würden im Fall
einer *Zuwiderhandlung* (16-Jährige tanzt z. B. „unbegleitet" noch um 0:30 Uhr im
Club, eine Polizei-Razzia räumt auf) weder das Kind noch die Eltern, sondern die
Veranstalter, die Gewerbetreibenden bestraft, denn diese sind dem Jugendschutz
verpflichtet und ihnen obliegt die Prüfungspflicht gemäß § 2 des JuSchG. Verstöße
gelten als Ordnungswidrigkeit, es sei denn, durch eine vorsätzliche Handlung wird
die Entwicklung des Minderjährigen schwer gefährdet (JuSchG § 27 (2) 1.).

3.3   Förderung der Erziehung in der Familie

Der zweite Abschnitt im 1. Kapitel des SGB VIII befasst sich mit Fragen der
allgemeinen Erziehungsförderung in Familien, mit Fragen der Beratung und
Unterstützung ebendort sowie mit besonderen Hilfsangeboten in Notsituationen
(ohne dass ein erzieherischer Bedarf im engeren Sinn geboten wäre). Im 16 (1)
wird neu u. a. unterstrichen, dass Familien *besser* in *Konfliktbewältigungsstrate-
gien* beraten werden sollen. § 17 zeigt einen Beratungsanspruch bei Konflikten
und Krisen in der Partnerschaft sowie bei Scheidung, Personensorge-, Unterhalts-
(diesen haben auch 18- bis 21-Jährige) und Umgangsrechtsfragen (diesen haben
auch die Kinder). Bei den §§ 16–18 handelt es sich um „ambulante" Beratungs-
, Unterstützungs- sowie Förderangebote, die in Ämtern und anderen Diensten
geleistet werden. Hier greift die „Komm-Struktur" – Mütter, Väter und Paare mit
Kindern stellen selbst bei sich fest, dass Beratungsbedarf vorliegt. Sie wenden
sich an das örtliche Jugendamt oder an die Beratungsstelle eines Freien Trägers
der Jugendhilfe, die Erziehungs-, Familien- und oder Paarberatung anbietet. Auch
hier handelt es sich um Sollbestimmungen. Ziel ist in jedem Fall, dass Erzie-
hungsverantwortung besser wahrgenommen werden kann, Krisen und Konflikte
überwunden werden und im schlimmsten Fall (Trennung/Scheidung der Eltern)
gute Bedingungen für das Aufwachsen von Kindern einvernehmlich – unter Einbeziehung von Kindern – konzipiert werden. Das Familiengericht teilt im Fall
eines Scheidungsantrags dem Jugendamt die Adressen solcher Eltern mit, damit
es diese über entsprechende Leistungsangebote unterrichten kann.

Haben Elternteile aufgrund von Krankheit oder aus beruflichen Gründen eine
Zeit lang nicht die Möglichkeit, ausreichend fürs Kindeswohl zu sorgen, so
wird gemäß § 20 Betreuungspersonal bereitgestellt. Es handelt sich um eine
Soll-Bestimmung; diese wird weiterhin nicht, wie noch im KJSG-Entwurf 2020

enthalten, von den EFB (gem. § 28) koordiniert. Eine Sonderform wird in § 21 fixiert: Personenberechtigte haben nicht nur Anspruch auf Beratung und Unterstützung, wenn ihr schulpflichtiges Kind aus beruflichen Gründen anderweitig untergebracht werden muss, sondern in „geeigneten Fällen" können sogar auch Unterbringungs-, Unterhalts- sowie Krankenhilfekosten vom Amt übernommen werden. Ziel ist in jedem Fall, die schulische Ausbildung zu gewährleisten; die Hilfe kann längstens bis zum 21. Lebensjahr gewährt werden.

Eine weitere besondere Form der Hilfe bei der Kindesbetreuung liegt vor, wenn bei Mutter und/oder Vater aufgrund ihrer Persönlichkeitsentwicklung ein Bedarf vorliegt. Schwierige, noch nicht eigenständig „lebensfähige", vielleicht sehr junge Eltern, u. U. noch in schulischer oder Berufsausbildung, können/sollen gemeinsame Wohnhilfen erhalten: Mutter und Kind oder auch Vater und Kind. Dieses Angebot richtet sich auch an Schwangere. § 19 SGB VIII schränkt den Personenkreis der Leistungsempfänger insofern ein, als es sich um Alleinerziehende mit Kindern unter 6 Jahren handeln muss.

Die Hilfen zur Erziehung

4

Der erste Unterabschnitt „Hilfe zur Erziehung" zeigt am Start in § 27 sein Bekenntnis, *Eltern,* Sorgeberechtigten und nicht Kindern den Hilfeanspruch zu gewähren – mit dem Ziel einer kindeswohlgemäßen Erziehung; ausdrücklich neu ist, dass im Einzelfall unterschiedliche Hilfen miteinander kombiniert werden können (§ 27 (2) 3.), weggefallen ist dafür die „in der Regel im Inland/im Einzelfall auch im Ausland"-Klausel. Im § 27 (3) wird das Angebote-Spektrum gezeigt mit den beiden Säulen pädagogischer und damit verbundener therapeutischer Leistungen sowie Ausbildungs- und Beschäftigungsmaßnahmen – entsprechend könnten SchülerInnen hierüber besondere Lerntherapien bekommen.

4.1 Fremdunterbringung

Heimerziehung, Jugendwohngruppen, Vollzeitpflege sowie teilstationäre Tagesgruppen zur Erziehung sind aus drei Gründen das Zentrum, der Kern und Mittelpunkt der gesamten Jugendhilfegesetzgebung:

1. verbindet die Öffentlichkeit damit immer noch Dinge wie Herausnahme, Erziehungsunfähigkeit und strenge „Maßnahmen" der „Fürsorgeerziehung" (heute geht es in den §§ 27–36 aber um *Angebote,* die immer freiwillig anzunehmen sind).
2. Presse, Medien und Öffentlichkeit assoziieren mit Fremdunterbringung weiterhin gern Erziehungsheime, wie sie in den Jahren von 1945 bis etwa 1980 (DDR: bis 1990) mit einem überaus berechtigten schlechten Ruf aufzufinden waren. Die Skandale aus diesen Jahren, die Anwendung körperlicher Gewalt ebendort sowie der sexuelle Missbrauch wurden gebrandmarkt und die Folgen

müssen noch heute bearbeitet werden, dazu gibt es oder gab es „Runde Tische"
sowohl zu Heimerziehung als auch zu sexuellem Missbrauch.

3. Schließlich stehen diese Einrichtungen im Fokus von Kämmerern und Rech-
nungshöfen; sie machen – hinter den Ausgaben für KiTa – den zweitgrößten
Teil des finanziellen Aufwands für Jugendhilfe aus (gemäß KomBat 1/2021
in 2000 = 5 Mrd., in 2019 = 13 Mrd. €). Ein Platz im schwach betreuten
Jugendwohnen (etwa 4 Wochenstunden sozialpädagogische Begleitung) kostet
mindestens 60 € am Tag, während Plätze in *Clearingstellen,* teilstationären
Gruppen und "normalen" Heimen um die 200 € sowie in Inobhutnahme-
Einrichtungen und Notdiensten „Tag und Nacht" nicht selten 400 € am Tag
kosten.

Heimerziehung heute ist nur an ganz wenigen Orten noch vergleichbar mit den
Einrichtungen von vor 1990, vor dem SGB VIII. Heime wurden zunächst deutlich
spürbar verkleinert, Gruppen in ihnen ebenfalls. Der Betreuungsschlüssel liegt
im günstigen Fall bei 4,5 Fachkräften auf 12 Kindern oder Jugendlichen. Die
MitarbeiterInnen haben durchweg geeignete Berufsausbildungen, das sind ErzieherInnen, SozialpädagogInnen, PsychologInnen und TherapeutInnen als auch
medizinisches Fachpersonal verschiedener Ausrichtung. Jeder Unterbringung
(und das gilt natürlich für alle HzE) geht eine strukturierte Hilfeplankonferenz
gemäß § 36 SGB VIII voraus, die Festlegungen für ein halbes oder ein ganzes
Jahr trifft. Zu den Heimen gehören oft Außengruppen und Spezialgruppen wie
Schulersatzprojekte. Die Heimleitung ist pädagogisch, psychologisch und kauf-
männisch kompetent. Wenn im § 34 von „sonstiger betreuter Wohnform" die Rede
ist, können Träger auf dieser Basis sehr kreativ Modelle und Projekte einrichten,
die über die klassische Jugend-WG (besetzt mit 1,5 Personal auf 6 Jugendliche)
hinausgehen. Da der § 27 (2) betont: „Hilfe zur Erziehung wird insbesondere nach
Maßgabe der §§ 28 bis 35 gewährt" öffnet der Gesetzgeber damit bewusst den
Fächer an Möglichkeiten. Es können besondere, nachgefragte, moderne oder von
Räumen und Regionen abhängig konzipierte Unterbringungs- und Beratungsfor-
men geschaffen werden, die sich nicht unbedingt auf die beispielhaften Kriterien
der §§ 29–35 beziehen können oder müssen.

4.1.1   Vollzeitpflege

Gemeint ist, dass Kinder oder auch Jugendliche mit erzieherischem Bedarf zeit-
lich befristet oder auf Dauer, gemäß Alter und Entwicklungsstand, in einer

anderen Familie gemäß § 33 Tag und Nacht „gepflegt" werden. Für besonders Entwicklungsbeeinträchtigte sind besondere Familienpflegeformen zu schaffen, aus meiner Sicht z. B. heilpädagogischer Art. Es ist nicht leicht, ausreichend ausgebildete, vorbereitete und mit zu nutzenden Räumen ausgestatte Mitmenschen zu finden, die Vollzeitpflegeangebote bereitstellen können und wollen. Die Tätigkeit kann die eigene Familie bereichern, fordern, aber auch überfordern. Die normale Honorierung entspricht einer Aufwandsentschädigung von unter 1000 €, bei heilpädagogischer Intervention wird über deutlich 1000 € monatlich gezahlt. Sieht der Hilfeplan eine Rückkehroption vor, ist zuzüglich schwierige Elternarbeit angesagt. Eine grobe Einteilung für „Zuständigkeiten", also Abgrenzung – wenn erzieherischer Bedarf vorliegt – erfolgt so: Kinder, jüngere Kinder gehören in Familien, Jugendliche, ältere Kinder können in Heimen und sonstigen betreuten Wohnformen gemäß § 34 untergebracht werden. Ab 2021 werden Pflegepersonen in ihrer Rolle gestärkt. Sie haben auch dann Beratungsanspruch, wenn kein ausgewiesener Konflikt vorliegt. Auch wurde das BGB § 1632 (4) geändert, damit Familiengerichte unter Berücksichtigung einschlägiger Bedingungen Pflegepersonen auf Antrag *den dauerhaften Verbleib* im Kindeswohlinteresse anordnend gewähren.

4.1.2 Teilstationäre Hilfen

Optisch zwischen den stationären und den ambulanten HzE stehen die teilstationären gemäß § 32. Sie wurden ins Leben gerufen, weil häufig in Hilfeplankonferenzen zum Ausdruck kam, dass die Zielperson auf jeden Fall nach der Schule bis zum Abend besonders außerhalb der elterlichen Wohnung betreut werden muss, um die Schularbeiten zu gewährleisten, um schlechte Einflüsse über Peers in der Nachbarschaft zu verringern oder um soziales Lernen in der Gruppe zu fördern. Eltern würde ggf. mehr Ruhe am Nachmittag gegeben – nach der Arbeit oder um arbeiten gehen zu können, denken wir einmal an Kassiererinnen im Einzelhandel. Die PlanerInnen gingen auch von einem ersehnten „Beifang" aus: weniger Kosten, weil keine Tag und Nacht-Betreuung. Das erwies sich leider als Irrtum. Für uns alle außerhalb der Kosten- und Leistungsrechnung wohl nicht nachvollziehbar, aber wahr: die teilstationäre Unterbringung ist ähnlich teuer wie die stationäre, es sei denn, sie wird als Form der Familienhilfe umgesetzt.

4.1.3   Geschlossene Unterbringung

So etwas ist im SGB VIII übrigens explizit nicht vorgesehen, denn sie war und ist das umstrittenste Instrument der Erzieherischen Hilfen. Nach kritischer Evaluierung schloss Berlin (West) schon in den 1980er Jahren seine Einrichtungen, belegt aber trotzdem hin und wieder in anderen Bundesländern wie Bayern oder Brandenburg. Das Gesetz spricht im § 34 von „einer sonstigen betreuten Wohnform", und dazu zählen wohl auch geschlossene Formen.

Handelt es sich in solchen Fällen um *Maßnahmen?* Ganz offenbar, denn bringt das Amt geschlossen unter, nutzt es den § 42 „Inobhutnahme" (der § 43 „Herausnahme" wurde 2003 gestrichen, weil es neue Instrumente im Kontext Kinderschutz gibt, nämlich von da an den § 8 a SGB VIII). Im BGB regelt die „Geschlossene" der § 1631 b (1), mit Gutachten zunächst für 6 Wochen. Die einzigen *Maßnahmen* im SGB VIII sind also Ausbildungsmaßnahmen nach § 13 (3) und die Inobhutnahme gemäß § 42 und § 8 a (2), also das Herausnehmen auch gegen den Willen der Sorgeberechtigten wegen dringender Gefahr bei Kindeswohlgefährdung.

4.1.4   Ein wilder, wirrer „Fall 1"

Ist das „Zigeunerleben" wirklich so lustig? Sahra ist fast 13, geboren in Rumänien. Ihre Eltern leben in der Gemeinde S., sie selbst zurzeit in der Nachbar-Gemeinde Z.; Sara, eine Roma, gibt an, den 20-jährigen Ani aus ihrer Volksgruppe zu lieben. (Anm.: der in Deutschland als politisch inkorrekt geltende Begriff „Zigeuner" ist in anderen Ländern der Erde noch Usus). Ani lebt bei seinen Eltern in Z. Das Kind ist zum „Bräutigam" gezogen, die beiden wollen sich bald verloben, gegen den Willen der Eltern des Mädchens; seine Eltern finden die Entwicklung o.k.; dort wird kolportiert, dass sich das Mädchen wohl fühle und auf keinen Fall zurück wolle, weil ihre Eltern ihr ja *nichts* erlaubten. Man stellt fest: der Schulbesuch ist unregelmäßig. Die KM tritt nun an das Jugendamt in S. heran und erfährt, dass so etwas doch typisch, nicht unüblich und sozusagen Teil der Folklore in ihrer Community sei. Die Dame vom Amt möchte da lieber nicht einschreiten. Verwirrt wendet sich die Mutter eine Woche später erneut an ein Jugendamt, nämlich an das in Z., das anders argumentiert und handelt. Welche Schritte wird das Amt wohl einleiten? An wen könnte sich andererseits das Mädchen wenden mit dem Anliegen, nicht zu den Eltern zurück zu wollen? Macht sich eventuell jemand strafbar in der Geschichte? Falls ja: wer und warum? Welches Gericht/welche Gerichte sind ggf. zuständig?

Auflösung weiter unten

4.2   Qualifizierte ambulante Hilfen

Diese sollen jederzeit bedarfsgerecht im Jugendamt angeboten werden; es leitet in geeigneten Fällen auch über zur Erziehungs- und Familienberatungsstelle oder indiziert im Verlauf einer Hilfeplanung gem. § 36 eine „qualifizierte" ambulante Hilfe gem. §§ 29, 31 oder 35.

4.2.1   Erziehungsberatung(-sstellen)

Seit Jahrzehnten sind in der BRD Beratungsstellen bekannt, die freiwillig ratsuchenden Familienmitgliedern helfen. In Deutschland gibt es über 1000, die meisten sind in freier Trägerschaft, gehören zur Diakonie, zum Paritätischen, zur Caritas, zur Arbeiterwohlfahrt, zum DRK sowie in Berlin auch zu jedem Bezirksamt. Dort sollen gemäß § 28 multiprofessionelle Teams tätig werden – PsychologInnen, Kinder- und JugendlichenpsychotherapeutInnen sowie SozialpädagogInnen. Die Beratung dort kann auf Wunsch anonym erfolgen. Die EFB haben den Ruf, mittelschichtorientiert zu arbeiten. Es gibt selten proaktive Beratung, Präventionsprogramme, Sofortberatung, Krisenintervention und offene Sprechstunden, deshalb spricht man vielen Diensten die Niedrigschwelligkeit ab (vgl. Braunert und Günther 2005). Der große Vorteil der Dienste liegt für die verunsicherte Klientel darin, dass der Dienst dem Jugendamt zwar statistisch über das Tätigwerden zu berichten hat, nicht aber über Namen und Inhalte, es sei denn, der Dienst wurde fallbezogen vom Amt beauftragt.

Achtung: Im KJSG-Entwurf Dezember 2020 wurde noch der § 20 als § 28 a dem § 28 zugeordnet; was irritierend war; EFB bereiteten sich bereits auf diese neue Mitverantwortung Anfang 2021 vor; allerdings hat der Gesetzgeber diese angedachte Neuerung nicht umgesetzt. Es bleibt beim § 20 an seinem alten Ort mit entsprechender Zuständigkeit.

4.2.2   Familienhilfe und Einzelbetreuung

Ambulante Angebote der Jugendhilfe bleiben unabhängig vom Einkommen der Betroffenen kostenfrei. Auf der anderen Seite wird seit Jahren beobachtet, dass gerade die im Haushalt der Kommunen und Kreise angedachten Mittel für Familienhilfe kaum ausreichen.

Familienhilfe gemäß SGB VIII § 31 ist meist ein mittelfristiges Angebot für eine Familie, und eine Fachkraft ist zuständig. Sie kann auch in akuten Krisen angeboten werden, bei Trennung der Eltern oder bei dauerhafter Überforderung. Gerade in solchen Situationen und unter Druck versuchen aber Eltern häufig, Hilfen *abzulehnen*. Der mehrmalige Besuch in der Wohnung pro Woche ist sicherlich für alle Betroffenen schwierig zu ertragen. Natürlich täten sie gut daran, die vielfältigen Unterstützungsansätze zu erproben und zuzulassen. Denn dazu gehören beratende Gespräche, modellhaftes Handeln, und praktische Hilfen wie Hausaufgabenbetreuung, Anleitung bei der Arbeit im Haushalt, Unterstützung der materiellen Lebenssicherung sowie Aktivitäten mit Eltern und Kindern (vgl. Münder 2007, S. 113). Oft wird von Eltern versucht, der Familienhilfe eines der Kinder zu überlassen, möglichst um außerhalb der Wohnung Beschäftigungen anzubieten. Leider übersehen viele anspruchsberechtigte Eltern, dass Familienhilfe in aller Regel wohlwollende, fachliche und unabhängige Interessen verfolgt und nicht „verlängerter Arm" der Verwaltung des Jugendamts ist.

2021 wurden über das KJSG im BGB § 1632, 1696 sowie 1687a wichtige Vorgaben zur Familienpflege mit geändert.

4.2.3   Soziale Gruppenarbeit gemäß § 29

In der nun schon langen Geschichte des SGB VIII hat die sogenannte soziale Gruppenarbeit einige „Häutungen" erfahren. Inzwischen steht fest, dass im Zuge eines Hilfeplanverfahrens ein Kind zur Gruppe geführt werden muss oder eben Ausgangspunkt einer neu zu bildenden Gruppe in Jugendhilfe ist. Ort und Zeiten müssen vereinbart werden und die Dauer der Leistung ist ins Auge zu fassen. Zur Realisierung muss offenbar gut in der Jugendhilfe abgestimmt werden, wer von potenziell zu Fördernden infrage kommt, bedingt gruppenfähig ist, dem Alter der anderen halbwegs entsprich und dessen Eltern auch Jugendhilfe wollen. Etwas theoretisch und fern der Praxis definiert ein namhafter Kommentar den Ansatz: „Sie wird in der Regel in der Form von Kursen oder fortlaufenden Gruppenangeboten erbracht. (…) Es dominieren drei methodische Schwerpunkte. Unterschieden wird zwischen dem erlebnisorientierten Ansatz, dem themenorientierten Ansatz und der Mischform aus beiden Ansätzen" (Schlegel und Völske S. 537). Tatsächlich gehört es zu den besonders schwierigen und wegen der Fluktuationen kaum zielführend zu steuernden Arbeitsfeldern von Honorar-Sozialpädagoginnen oder kleinen, freien Vereinsprojekten. Leichter gelang da der

früher häufig genutzte „Ansatz", soziale Gruppenarbeit in der Schule am Nachmittag anzubieten, also in Kooperation mit dem Lehrkörper die Schulsozialarbeit
in Gruppen zu gestalten und Eltern parallel zu bitten, entsprechende Anträge auf
Jugendhilfe zu stellen. Es herrschte Rechtsunsicherheit. Diese Vorgehensweise
wurde inzwischen unterbunden.

Es sollen in Zukunft – neu ab Juni 2021 – unterschiedliche Hilfearten explizit
auch nebeneinander angeboten werden; möglich war es schon immer.

Auflösung „Fall 1" Das Jugendamt in S. kann mit seinen Ratschlägen und
Empfehlungen gar nicht überzeugen. Die Informationen sind falsch und grob
rechtswidrig. Natürlich muss der KM geholfen werden, sie kümmert sich um
ihre 13-Jährige und sollte volle Unterstützung durchs Jugendamt erhalten. Der
erste Schritt wäre Einbestellung (auch mit Zwang, ggf. Polizei) des Mädchens
ins Jugendamt, um dessen Position zu hören (Einbeziehung, auch wenn erst 13,
ab 14 müsste sie ohnehin auch z. B. vom Familiengericht gehört werden); das
Mädchen darf eine Person des Vertrauens hinzuziehen, vielleicht eine Lehrerin
oder Tante, aber nicht Angehörige der Familie ihres Freundes, die sind befangen.
Ist das Verhältnis des Kindes zur Mutter in dieser Lebensphase sehr heftig gestört
und das Mädchen möchte unter keinen Umständen zurück nach Hause, ist es einer
Inobhutnahmestelle oder einer *Clearingstelle Jugendhilfe* für Kinder zu überge-
ben. Das Mädchen darf unter keinen Umständen im Haushalt der Eltern ihres
erwachsenen Freundes verbleiben. Dessen Eltern sind zu verklagen wegen Kup-
pelei gemäß StGB § 180 (1) 2., und der Sohn ist zu verklagen wegen sexuellen
Missbrauchs von Kindern gemäß StGB § 176 (1).

Nach 3 bis 6 Wochen wird ein erneutes gemeinsames Gespräch mit den Eltern
des Kindes, mit dem Kind, einem Jugendamtsvertreter und der Clearingstelle
anberaumt, um einvernehmlich festzuhalten, wo das Mädchen für die kommenden
Monate leben wird. In dieser Sitzung kann es bereits so weit sein, dass das Kind
zurück in die Herkunftsfamilie will, weil „immer noch besser als Kinderheim...".
Wenn nicht verbleibt sie eben in einer gut beaufsichtigten Einrichtung, ggf. auch
außerhalb des hiesigen Bundeslandes, vor allem, um den Schulbesuch zu sichern
und um sie vom 20-Jährigen zu trennen. Die Eltern erhalten die Adresse der
nächsten EFB, um entwicklungsbegleitende Beratungshilfen zum Umgang mit
dem Teenager zu bekommen, freiwillig und vertraulich. Das gleiche Angebot
erhält das Mädchen.. Der grundlegende Fehler von Jugendamt S. war zu unterstel-
len, dass für hier lebende Fremde (Roma) deren Kulturrecht Vorrang habe und die
deutschen Gesetze insofern sekundär wären. Das Jugendamt in Z. hat – obwohl
nicht zuständig – korrekt im Sinn des Kinderschutzes gehandelt, auch wenn das
Kind selbst nicht klagte, sondern in diesem Fall sogar auf der Gegenseite agierte.

Therapie bei psychischen
Auffälligkeiten; Hilfen auch für junge
Volljährige

5

5.1 Eingliederungshilfe in Jugendhilfe bekommt ein Kind, das psychische Störungen aufweist

Ältere Menschen erinnern sich heute noch deutlich an Regelungen von vor 1990, als jede Art von Eingliederungshilfe über das Bundessozialhilfegesetz geleistet wurde, egal ob eine körperliche, geistige oder psychische Behinderung vorlag. Dies hielten die §§ 39 und 40 BSHG fest. Es galt für Kinder, Jugendliche und Erwachsene gleichermaßen.

Erst 1993, also 3 Jahre nach in Krafttreten des SGB VIII, wurde für dieses Gesetz ein Paragraf 35 a „nachgereicht", der sich mit Kindern und Jugendlichen befasst, die eine seelische Behinderung haben bzw. von einer solchen bedroht sind – wie aber die Bedrohung zu bemessen ist, oder was eine zu „erwartende Beeinträchtigung" bedeutet, bleibt strittig. Während der Rechtsanspruch bei pädagogisch-therapeutischen Leistungen gem. § 27 (3) wie dargelegt bei den Sorgeberechtigten liegt, ist der § 35 a ein absoluter Sonderfall im Gesetz, denn *die Kinder und Jugendlichen selbst* besitzen den Rechtsanspruch. Zählt der/die Minderjährige also zu diesem Personenkreis (nach kinder- und jugendpsychiatrischer Einschätzung) und macht sich jemand stark für die therapeutische Hilfe (Kita-Leitung, LehrerIn, jemand aus der Verwandtschaft), ist geeignete Psychotherapie auch ohne Zustimmung der Eltern angezeigt. Die Stellungnahme zum Zweck „Eingliederungshilfe wg. seelischer Behinderung" ist auf der Grundlage des ICD zu erstellen.

Der Ulmer Psychiater Fegert entwickelte eine hilfreiche Matrix (Fegert zu § 35 a in Wiesner 2015), um Kinder und Jugendliche besser zuordnen zu können: sind vorgestellte Klienten mit einer psychischen Störung behaftet, weisen sie eine psychische Krankheit auf, mit der sich Krankenkassen-ÄrztInnen befassen, oder

haben wir nichts von beidem – also nur eine wohl vorübergehende Verhaltensauffälligkeit bzw. ein soziales Problem in der Familie, das man früher „drohende
Verwahrlosung" nannte.

Eingliederungshilfe für körperlich oder geistig behinderte Menschen jeden
Alters sowie von Behinderung bedrohte werden weiterhin, bis 2028 (siehe
Abschn. 10.1, KJSG-Weisungen), über Sozialhilfe finanziert. Das zuständige
Gesetz SGB XII, dort die §§ 53 und 54, regeln das in Verbindung mit Bestimmun-
gen des SGB IX § 2 (1), „Rehabilitation und Teilhabe behinderter Menschen".
Soeben ist ein neuer „Wegweiser für Menschen mit psychischen Beeinträchti-
gungen" erschienen (Behindertenrecht 2019, Heft 3, S. 84). Niemand unter den
Fachleuten hat Verständnis für diese Trennungen (zwei Handicaps dem einen, das
andere Handicap dem anderen Gesetz zugeordnet), die dann zu unterschiedlichen
Kostenträgern führen. Pädagogische dürfen m. E. nicht von therapeutischen und
rehabilitativen Hilfen getrennt werden. Alle Ressourcen, die für die gesunde psychische und körperliche Entwicklung eines Kindes und eines jungen Menschen
zuständig sind, werden, wenn auch in ferner Zukunft, nun doch zusammengefasst
(vgl. Abschn. 10.1). So kann allen jungen Behinderten dann auch familienbe-
zogene, erzieherische Hilfe gewährt werden. In der Übergangszeit von 2022 bis
2027 wird gem. SGB VIII § 10 b ein *Verfahrenslotse* zur Verfügung gestellt, der
proaktiv für die gleichberechtigte Teilhabe von jungen Menschen mit Behinderung zu sorgen hat. Übrigens wurde in einer Berliner Verwaltungsvorschrift als
„psychische (seelische) Störung" auch eine *nicht nur vorübergehend auftretende
Verhaltensauffälligkeit* gefasst.

Im Laufe der Jahre haben sich die örtlichen Jugendämter verständigt, was
denn (sozial-) pädagogisch-therapeutische Leistungen gemäß § 27 (3) sein könnten, denn der Gesetzgeber geht wohl von einer „Vielfalt von Methoden und
Konzepten" aus (Schlegel und Völske 2014, S. 517). Darunter werden oft
nichtschulische Lerntherapien, Musiktherapie oder körperorientierte Therapien
verstanden, die vom Kostensatz her niedriger liegen als Psychotherapien nach
§ 35 a, da sie nicht unter das Psychotherapeutengesetz fallen. Wiesner (2015)
weist einerseits darauf hin, dass § 27 (3)-Leistungen auch kostenneutral von
den psychotherapeutischen Fachkräften in den Erziehungs- und Familienberatungsstellen, sozusagen „im Dienst" geleistet werden können und sieht zum
anderen den fachlichen Schwerpunkt dieser z. B. durch HeilpraktikerInnen zu
leistende Arbeit in der (sozial-)pädagogischen Hilfestellung. „Diese Hilfestellung
ist gleichzeitig kind- und elternorientiert". Eltern sollen mehr Erziehungskom-
petenz bekommen und das Kind mehr Entwicklungsförderung. Im Bedarfsfall
können § 27 (3)-Leistungen mit Eingliederungshilfe verknüpft werden. Strittig ist

auch der Umgang mit Legasthenie, Rechenschwäche, Analphabetismus und weiteren Lernbehinderungen. Letztere sollen verantwortlich dem Bildungsbereich, den Schulen und Volkshochschulen überlassen bleiben. Und ADHS gilt als Krankheit, nicht als Störung, die nach Aussage einer Charité-Klinik-Direktorin Lehmkuhl zu 90 % falsch diagnostiziert wird und viel zu oft mit Medikamenten wie *Ritalin* zu behandeln versucht wird.

5.2   Über 17-Jährige können zum Glück auch Jugendhilfe erhalten

SGB VIII, § 41 Hilfe für junge Volljährige, Nachbetreuung

(1) Einem jungen Volljährigen soll Hilfe für die Persönlichkeitsentwicklung und zu einer eigenverantwortlichen Lebensführung gewährt werden, wenn und solange die Hilfe aufgrund der individuellen Situation des jungen Menschen notwendig ist. Die Hilfe wird in der Regel nur bis zur Vollendung des 21. Lebensjahres gewährt; in begründeten Einzelfällen soll sie für einen begrenzten Zeitraum darüber fortgesetzt werden.

(2) Für die Ausgestaltung der Hilfen gelten § 27 Abs. 3 sowie die §§ 28 bis 30, 33 bis 36 und 40 entsprechend mit der Maßgabe, dass an die Stelle des Personensorgeberechtigten oder des Kindes oder des Jugendlichen der junge Volljährige tritt.

(3) Der junge Volljährige soll auch nach Beendigung der Hilfe bei der Verselbstständigung im notwendigen Umfang beraten und unterstützt werden.

Dieses wichtige Hilfsangebot wurde vom Verfasser 1988/89 mitentwickelt. Seither gibt es immer wieder Streit wegen der Höhe der Kosten; aber auch mit der KJSG-Verabschiedung wurde zum Glück für die Heranwachsenden nichts am Anspruch eingeschränkt. Einerseits gilt der § 35 a nur für Kinder- und Jugendliche, andererseits schließt aber der § 41 (2) auch die §§ „33 bis 36" mit ein.

Angela Merkel, damals Bundesministerien für Frauen und Jugend, kommentierte 1995 eindringlich das neue Gesetz und insbesondere den Paragrafen für Heranwachsende in schwierigen Lebenssituationen, denn diese waren mit der Einführung des Volljährigkeitsalters von 18 im Jahre 1975 abrupt aus der Zuständigkeit der Jugendwohlfahrt und -pflege gefallen: „Die Hilfen, die das Jugendamt oder die freien Träger anbieten, enden also nicht mit der Volljährigkeit. Rhetorisch stellte Merkel die Frage: „Bekommen nur die ‚Problemfälle' Hilfe?" und antwortet sehr eindeutig: „Nein. Nach dem Motto „Ausbildung und Beschäftigung statt Sozialhilfe" können nach dem Kinder- und Jugendhilfegesetz auch junge Volljährige gefördert werden, die sich mit dem Einstieg in die Berufs- und Arbeitswelt schwertun, weil sie zum Beispiel nach dem Schulabgang nur „gejobbt‴ haben und mit 19 merken, wie wichtig eine Lehre für sie wäre. Oder junge Erwachsene, die sich erst spät vom Elternhaus gelöst haben und auf sich allein gestellt erst einmal in ein „tiefes Loch" fallen. Auch bei Konflikt- und Krisensituationen in bestehenden Familienstrukturen und Lebensgemeinschaften sind nach dem Kinder- und Jugendhilfegesetz für junge Erwachsene ambulante und teilstationäre Hilfen möglich."

Mit den Änderungen in 2021 werden endlich auch die Careleaver berücksichtigt und versorgt: im § 41 a (Nachbetreuung) wird für diesen Personenkreis Beratung und Unterstützung verlangt; bis zur Verselbstständigung soll die Jugendhilfe regelmäßig Kontakt halten und den Hilfeplan für den bereits entlassenen jungen Volljährigen fortschreiben.

5.2.1 Finanzierungsprobleme und Perspektiven

Für die Finanzierung der SGB VIII-Angebote sind Kommunen und Kreise verantwortlich. Häufig wird berichtet, dass jungen Volljährigen, die erstmalig den Allgemeinen Sozialpädagogischen Dienst ASD aufsuchen, (bewusst?) eine falsche Rechtsauskunft gegeben wird. Den Betroffenen 18- bis 20-Jährigen wird vermittelt, aufgrund ihres Alters könne ihnen nicht geholfen werden. Anträge auf Jugendhilfe nach § 41 werden gar nicht erst entgegengenommen; widerspruchsfähige Bescheide werden nicht erstellt, dann geht Post „verloren"…, Aufklärung über das bereits für 15-Jährige geltende Sozialantragsrecht unterbleibt; geduldige, nach Alternativen suchende Bittsteller werden „folgerichtig" an das Sozialamt verwiesen. Sind Betroffene noch SchülerInnen, müssen sie auch beim Träger der Sozialhilfe mit einer sichereren Ablehnung rechnen, da sie dem Arbeitsmarkt schließlich nicht zur Verfügung stehen. Gesellschaftliche Rahmenbedingungen haben aber dazu geführt, dass es für die Heranwachsenden zunehmend schwieriger wird, eine eigenständige Persönlichkeit zu entwickeln, denn die Verselbstständigung erfolgt oft mangelhaft und ziemlich verzögert. Zum Glück kümmerten und kümmern sich neben der geforderten Jugendämtern auch engagierte Freie Träger um die Betroffenen, sei es der *Careleaver e. V.* oder der *BRJ.* Ab 2021 sind wie gesagt in allen Ländern *Ombudsstellen* vorzuhalten, KJSG sei dank.

Denn es gab Jugendämter, die polemisieren zur Verhütung von Ausgaben trotz Rechtsanspruchs auf recht böse Art: „Es ist nicht Aufgabe des Staates, einen erwachsenen Bürger zu bessern" es sei denn „Drogenmissbrauch, Prostitution oder Abrutschen in die kriminelle Szene" manifestieren sich (zitiert nach Günther 2018, S. 365). Wer so diskriminiert wird, sollte unbedingt auch die Angebote von Jugendrechtshäusern des BVJRH prüfen, das sind interdisziplinäre Börsen, die jungen Menschen rechtsbezogen in der Lebensvorbereitung helfen.

Im Hintergrund der häufig rigiden Ämterpraxis steht die angebliche Kostenexplosion im Bereich der Erzieherischen Hilfen einschließlich der Hilfen für junge Volljährige. Kämen aber Einschränkungen entstünde zwangsläufig eine Art „Verschiebebahnhof": weg von der Jugend-Schiene, rüber zu den Sozialämtern oder zu den Diensten des Erwachsenen-Gesundheitswesens.

Kinderschutzfragen

6

6.1 Grundlagen der Kinderschutzregelungen in Deutschland

Wir erleben ständig, dass von der Medienlandschaft in den Vordergrund gerückte krasse Ereignisse Anlass sind, bestimmte organisatorisch-rechtliche Veränderungen im Sozial,- Gesundheits-, Schul- oder Jugendhilfebereich vorzunehmen. Dazu zählen vor allem die „Amokläufe" an einer Schule (2002 Erfurt, später Winnenden und Emsdetten z. B.), dann die Ereignisse um sexuellen Missbrauch (zuletzt in Lügde), darunter auch 2 % Falschverdächtigungen, siehe Worms) oder eklatante Kindesmisshandlungsfälle, Kindesaussetzungen und Neugeborenentötungen (in Deutschland ca. 30 jährlich, was zur Einrichtung von „Babyklappen" führte).

War vor 2003 noch die Jugendamtsmaßnahme „Herausnahme" gemäß § 43 SGB VIII die Folge vieler Kinderschutzfälle, so entfiel diese durch die Einführung des § 8 a. Gibt es „Anhaltspunkte" muss das Jugendamt nun ein *Gefährdungsrisiko* einschätzen. Es hat ggf. das Familiengericht anzurufen. Ein unmittelbarer Eindruck ist zu besorgen. Bei dringender Gefahr ist sofortige Inobhutnahme (gemäß § 42 SGB VIII) angezeigt, wobei der „persönliche Augenschein" unabdingbar ist. Wirklich neu und organisatorisch gut geregelt sind inzwischen zwei Momente: erstens erhalten alle Jugendhilfeeinrichtungen, KiTa usw. sowie Schulen und Dienste der Jugendgesundheitsfürsorge, in manchen Bundesländern auch KinderärztInnen, Kinderschutzmeldebögen zur weiteren Veranlassung; zweitens wurden in den Folgejahren Hunderte von zusatzausgebildeten BeraterInnen „Kinderschutz", die sogenannten *Insoweit erfahrenen Fachkräfte* (IeF) ausgebildet und flächendeckend bereitgestellt. Später kam der § 8 b hinzu, um diese Fachkräfte „einzuführen". Zur Sicherung des Kinderschutzauftrags muss die Insoweit erfahrene Fachkraft alle Menschen beraten und begleiten, die beruflich in Kontakt mit

© Springer Fachmedien Wiesbaden GmbH, ein Teil von Springer Nature 2021
M. Günther, *Kinder- und Jugendhilferecht*, essentials,
https://doi.org/10.1007/978-3-658-35224-0_6

Kindern stehen. Die Problematik der Verschwiegenheit bzw. der „Offenbarung von Privatgeheimnissen" (siehe auch Abschn. 9.6) ist für sie *nicht abschließend* geklärt, sondern fallabhängig eine Frage der Priorisierung – was geht in einer konkreten Krisenlage vor, ist es der Datenschutz bzw. die Verschwiegenheitsverpflichtung bestimmter psychosozialer Berufe oder ist es zur Gefahrenabwendung das Kindeswohl? Die IeF *empfiehlt* nur, wird aber nicht für andere in Verantwortung entscheiden. Der § 8 a wurde im am 1. Oktober 2005 ins SGB VIII eingefügt; Zuträger war das Kinder- und Jugendhilfeweiterentwicklungsgesetz (KICK), ein Artikelgesetz. Der neue Paragraf sollte klarstellen, dass das Jugendamt auf eine elterliche Mitwirkung bei der Risikoabschätzung über dieses Informationsbeschaffungsrecht im Konfliktfall drängen kann, so die damalige Gesetzesbegründung.

Im Schulbereich haben die Bundesländer etwa seit 2010 den zugespielten Ball angenommen und auch eigene Kooperationsverfahren Jugendhilfe-Schule vereinbart, im Land Berlin z. B. über ein gemeinsames Rundschreiben mit umfangreichen, präzisen Arbeits- und Hilfeplänen. Mit dem § 8 a trat 2012 auch das „Gesetz zur Information und Kommunikation im Kinderschutz" KKG in Kraft. Das Netzwerk Kinderschutz versorgt mit Grundsatzpositionen, mit Flussdiagrammen zu Strukturen der Versorgung, die wichtige Abläufe beschreiben und mit Vordrucken zum Festhalten von „Fällen". Das KKG hat nur wenige Aufgaben: „Aus dem dreistufigen Verfahren nach § 4 KKG folgt, dass das Jugendamt die Berufsgeheimnisträger über die Hilfen informieren muss, auf die der Berufsgeheimnisträger die Personensorgeberechtigten hinweisen soll" (Kepert und Kunkel 2017, S. 468 ff.).

Nach 2009 wurde der Begriff „Frühe Hilfen" mit großem F von Fachverbänden, in Abstimmung mit dem Bundesministerium und dem Deutschen Jugendinstitut definiert mit dem Ziel, entsprechende Netzwerkarbeit aufzubauen. In SGB VIII oder KKG erscheint das Wort nicht, dort wird häufig von „frühzeitig" gesprochen. Im Kern geht es um proaktive Angebote für 0 bis 3-Jährige Kinder und schwangere Mütter. Es geht um „Aussagen, die eine besondere Sensibilität der Angebote für das Wohlergehen von Kindern in Familie unterstreichen" … aber: „Es finden sich unterschiedliche Verständnisse zwischen den Polen Verhinderung von Kindeswohlgefährdung auf der einen und Allgemeiner Förderung von Erziehung in der Familie auf der anderen Seite" (Buschhorn und Karsunky, S. 2019). Fegert (2018) mahnt in der FAZ: „Gerne wird im Kinderschutz die Vernetzung aller Akteure gefordert. Diese setzt aber die Kenntnis der eigenen Handlungsmöglichkeiten ebenso voraus wie die Kenntnis der Rahmenbedingungen des Handelns der anderen Kooperationspartner."

2021 werden über den SGB VIII § 37 b ausdrücklich auch Pflegefamilien in die Gewaltschutzregelungen einbezogen; eine Dauerverbleibensanordnung über den BGB § 1632 (4) wurde eingeführt.

Das KKG § 4 (1) erfasst nun neben ÄrztInnen auch *die ZahnärztInnen*. Diese haben in Zukunft, sollten sie eine Kindeswohlgefährdung z. B. einer „Insoweit erfahren Fachkraft" gemeldet haben, einen Anspruch auf „zeitnahe Rückmeldung" durch das ggf. einbezogene Jugendamt und wissen endlich, welchen Effekt die (datenschutzrechtlich umstrittene) Meldung hat. Früher passierten im Umgang mit Kinderschutz-Hotlines nicht selten komplette Blindflüge…

In die lange Liste der in das Netzwerk „verbindliche Länderstrukturen Frühe Hilfen" sind zukünftig auch „Mehrgenerationenhäuser" einzubeziehen.

Wie sich z. B. die Gesetzes-Position auswirken wird, wenn Erziehungsbe-rechtigte und Kind sowie die IeF Kinderschutz an der Gefährdungseinschätzung gemäß § 8 a beteiligt werden, ist unklar.

Auch will man Familiengerichte befähigen, Pflegekinder dauerhaft unterzu-bringen.

Das Zusammenwirken von ÄrztInnen, Justiz, Familiengerichten und Jugend-hilfe ist zu verbessern. Leider wird die Bewährungshilfe nicht explizit einbezogen. Aber auch die offene Jugendarbeit kooperiert zukünftig in Kinderschutzfragen (FamFG § 348 b neu).

6.1.1 „Fall 2"

Die 14-jährige Ngujen lebt in einer gut integrierten, bildungsorientierten, nichtre-ligiösen aus Vietnam ausgewanderten Arbeitsmigranten-Familie in Potsdam und besucht die Klasse 9 eines anspruchsvollen Gymnasiums. Der Sportlehrer ent-deckt eines Tages blutige Streifen am Körper der Jugendlichen, fragt vorsichtig nach, aber sie will ihm nur einen Sturz als Ursache nennen. Sie sei auch damit beim Arzt gewesen, alles gut. Der Sportlehrer wendet sich an den Schulleiter und dieser bittet die Vertrauenslehrerin, Kontakt aufzunehmen, für den Fall, dass es sich um einen Kinderschutzangelegenheit handele. Lehrerin und Schülerin treffen sich; sie möchte Vertraulichkeit, also dass nichts den Eltern zurückgemeldet wird und erzählt, dass ihr Vater sie regelmäßig bestrafe, wenn sie nicht die Noten 1 oder 2 mit nach Hause bringe. Sie erhält häufig Schläge, obwohl sie in der Klasse über-durchschnittlich gut ist. Die Vertrauenslehrerin verzweifelt: sie hat ihr das Wort gegeben, das alles nicht zu melden. Muss sie dem Schulleiter Mitteilung machen? Müssen die Eltern so schnell wie möglich hinzugezogen werden? Muss etwa das

Jugendamt sofort eingeschaltet werden? Von ihrem Mann zu Hause erfährt die
Vertrauenslehrerin, dass noch ein anderer Weg sehr geeignet wäre. Welcher wohl?

Auflösung weiter unten

6.2   „Insoweit erfahrene Fachkraft (Kinderschutz)"

Insoweit erfahrene Fachkraft – selten auch „IeF" – ist in Deutschland die gesetzlich gemäß §§ 8 a, 8 b und 79 a SGB VIII sowie gemäß KKG festgelegte
Bezeichnung für die beratende Person zur Einschätzung des Gefährdungsrisi-
kos bei einer vermuteten Kindeswohlgefährdung. Diese muss laut § 8 a (4)
2. „Schutzauftrag bei Kindeswohlgefährdung" im SGB VIII durch Träger der
Jugendhilfe bei der Gefährdungseinschätzung für ein Kind immer beratend hinzugezogen werden. Die IeF zeichnet sich durch eine Zusatzausbildung aus,
ist befugt sowie unabhängig und darf nicht mit den ebenfalls im § 8 a (1)
benannten „(mehreren) Fachkräften" verwechselt werden. Die entwickelte Kin-
derschutzgesetzgebung basiert auch auf Erkenntnissen des Aktionsprogramms
„Frühe Hilfen". So sieht das KKG Kinderschutznetzwerke vor, verlangt diese
Frühen Hilfen und fixiert für Personen wie ÄrztInnen, Hebammen, PsychologInnen, LehrerInnen und alle SozialarbeiterInnen (namentlich in Suchtfragen und in
der Schwangerschaftskonfliktberatung) den Rechtsanspruch auf Beratung durch
insoweit erfahrene Fachkräfte. Die neu aufgenommene Position § 79 a SGB VIII
soll die Qualitätsentwicklung auch für Gefährdungseinschätzungen nach § 8 a
gewährleisten.

   Die IeF hilft der am Ort zuständigen sozialpädagogischen Fachkraft, z. B.
einer Kindertagesstätten-Erzieherin, als nicht in den Fall involvierte Instanz das
individuelle Kindeswohl-Risiko einzuschätzen. Sie unterstützt, berät und begleitet – ggf. auch in der Folgezeit noch – dabei, gemeinsam ein qualifiziertes Hilfs-
und Schutzkonzept für das betreffende Kind zu erstellen. Dadurch sollen Fehl-
entscheidungen zum Nachteil von Kind und Familie verhindert werden. Die IeF
Kinderschutz nimmt nicht unbedingt Kontakt zu den Eltern oder Erziehungsberechtigten auf, ist aber beteiligt bei der Prüfung der Problemakzeptanz bzw. der
Mitwirkungsbereitschaft von Sorgeberechtigten. Ist z. B. an einem Wochenende
oder Feiertag „Gefahr im Verzug", wird die Polizei einbezogen und tätig; über-
örtliche Inobhutnahmestellen sind „rund um die Uhr" aufnahmebereit. Wird die
IeF von Einrichtungen oder Diensten nach § 8 a (4) 2. hinzugezogen, wird der
Schutzauftrag nach § 8 a (1) nicht aktiviert, sondern es besteht dann die *Pflicht
zur Vertraulichkeit* in der Fachberatung.

Um in die etwa 80 bis 160 h dauernde Weiterbildung zur „IeF" zu gelangen, muss der Bewerber qualifiziert sein und einen der folgenden Grundberufe besitzen:

- pädagogische oder psychologische Ausbildung (Dipl.-Pädagogik, Dipl.-Sozialpädagogik, Dipl.-Sozialarbeit, Dipl.-Heilpädagogik, Dipl.-Psychologie) oder Ausbildung als ErzieherIn oder LehrerIn mit einschlägigen Zusatzausbildungen, dazu gibt es noch Ausnahmen
- mehrjährige Praxiserfahrung und Erfahrungen mit Praxisfällen im Kinderschutz
- Zusatzqualifikation im Bereich der Wahrnehmung, Beurteilung und des Handelns im Kinderschutz sowie
- ausgewiesene Handlungskompetenz im Sinn eines in der Praxis anerkannten Aufgabenprofils

Auflösung „Fall 2" Es handelt sich um einen Kinderschutzfall sowie um einen Straftatbestand: seit 2000 ist es nicht mehr erlaubt, seine Kinder zu schlagen (vgl. BGB § 1631). In unserem Fall erfährt ein Lehrer von dem Fall. Er ist nicht zur Verschwiegenheit verpflichtet, wie es PsychologInnen, ÄrztInnen oder SozialpädagogInnen wären. Im Rahmen seiner Dienstpflicht hat der Lehrer solche Erkenntnisse der Schulleitung mitzuteilen, was auch erfolgt. Nun ist die Einbeziehung der Vertrauenslehrerin eine gute Idee. Was sie erfährt, müsste sie nur wegen ggf. *moralischer Bedenken* verschweigen, falls nämlich die Schülerin darum ausdrücklich gebeten hätte. Tatsächlich würde sie in unserem Fall mehr für das Kinderwohl tun, wenn sie nach besonders qualifizierten Hilfen Ausschau hielte. Dafür haben wir ja seit 2012 die „Insoweit erfahrene Fachkraft (Kinderschutz)". Die Kinderschutzfachkraft würde also zeitnah in die Schule kommen und vermittelnd beraten. Sie kann einschätzen, ob das Jugendamt (oder die Polizei) unverzüglich einzubeziehen ist, oder ob man zumindest die Eltern an den Tisch holen muss.

In unserem Fall würde die IeF doch raten, zum örtlich zuständigen Jugendamt zu gehen. Denn am Rande erfährt der Schulleiter, dass das Mädchen auch schon einmal einen Arzt aufsuchen musste, wegen der Schwere der Verletzungen, und ruft den Arzt an. Dieser beruft sich auf seine Verschwiegenheitsverpflichtung. Später wird ihn eine IeF Kinderschutz belehren, in welchen Fällen sie unbedingt trotz ärztlicher Schweigepflicht einzubeziehen ist (vgl. SGB VIII § 8 b und KKG,

§§ 1–3). Die zuständige sozialpädagogische Fallbearbeitung im Amt (familienunterstützende Hilfen oder Heimerziehung) hat einen breiten Ermessensspielraum. Zwei Szenarien, alternativ, könnten folgen:

A. Das Jugendamt lädt die Eltern hinzu, ohne das Kind zumindest ein bis zwei Tage herauszunehmen. Die Eltern schwören, nie wieder körperliche Strafen oder markante seelische Strafen wie Hausarrest zu verhängen. Das Mädchen, verunsichert, hat gelernt, dass die Familie *alles* bedeutet, stimmt weinend zu, wieder mit nach Hause zu gehen. Nach Wochen deutet sie der Vertrauenslehrerin gegenüber an, dass sie wieder geschlagen wurde und will erst nach Abschluss der 10. Klasse mit 15 Jahren endgültig die elterliche Wohnung verlassen, vielleicht nach Hamburg statt Bremen. Dann möge ihr das Jugendamt helfen.

B. Der Jugendamtskollege nimmt die Verletzungen sehr ernst, gerade weil das Mädchen bildungsorientiert von anspruchsvollen Eltern zum Abitur geführt werden soll. Er bespricht mit der Betroffenen die Möglichkeiten: Inobhutnahme gemäß §§ 8 a und 42, ins betreute Jugendwohnen im Nachbarbezirk, damit sie etwas Abstand vom Elternhaus hat, aber weiterhin die Schule besuchen kann, oder Umzug in eine andere Stadt mit Schulwechsel. Lebensunterhalt und Wohnung würde das Jugendamt finanzieren, sich aber einen kleinen Teil der Kosten von den Eltern zurückholen. Eine Hilfeplankonferenz wird anberaumt, Lehrer, eine Tante des Mädchens (als Person des Vertrauens gem. § 10 a SGB VIII, neu!) sowie eine Vertretung der WG würden einbezogen, die Eltern aber nur für eine Phase der Sitzung.

Nach diesen Klärungen gelangt das Mädchen tatsächlich für einige Zeit in eine Mädchen-WG, einige Kilometer weit entfernt. Doch nach dem Ende des Schuljahres geht sie zurück in ihre Familie, da der Vater ihr mehrere eindrucksvolle Briefe geschrieben hat.

Tageseinrichtungen und Kindertagespflege

7

Kein anderes Feld der Jugendhilfe in Deutschland ist so sehr in der Diskussion, in der Kritik und im Fluss wie die Bereiche Kindergarten, Krippe und Hort. Das liegt nicht nur daran, dass dafür quantitativ das meiste Geld ausgegeben wird, sondern vor allem daran, dass die Bundesgesetzgeber seit Jahren Vieles vorsetzten, aber in der Praxis die Umsetzung zu langsam erfolgte. Wenn auch Rückblicke nicht sehr zielführend sind, wollen wir im Folgenden kurz die Entwicklung beleuchten. Heute liegt uns ein ergänzendes „Gute-Kita-Gesetz" vor, gültig seit Januar 2019, angeschoben von der Bundesministerin Giffey, das noch einmal die dringend gebotene Qualitätsverbesserung dieser flächendeckenden Angebote an Bildungs- und Erziehungseinrichtungen unterstreicht, Motto „mehr Qualität, weniger Gebühren". Betrugen 2000 die Ausgaben noch 10 Mrd., waren es 2019 dann 37 Mrd. € (vgl. KomDat 1/2021). Die grundsätzlichen rechtlichen Vorgaben finden wir in den §§ 22–26 SGB VIII sowie in 16 Landes-KiTa-Gesetzen.

7.1 Positionen des Bundesgesetzes SGB VIII, §§ 22–26

Mit dem Inkrafttreten des SGB VIII 1990/1991 wurde recht „revolutionär" ein Rechtsanspruch auf einen KiTa-Platz für alle bedürftigen 3-Jährigen festgeschrieben, „vom vollendeten 3. Lebensjahr an bis zum Schuleintritt". In den westlichen Bundesländern gab es Vergleichbares nicht, und man hatte mit langen Umstrukturierungs- und Anlaufzeiten zu rechnen; Übergangsfristen galten bis 1996/1998. Mehrere 100.000 neue Einrichtungsplätze wurden geschaffen – ein „Meilenstein" für die Tagesbetreuung im Westen, wenn man als betroffene Familie ein 3-Jähriges unterbringen wollte. „Konzeptionell" sah es meistens so aus, dass Halbtagsplätze bereitgehalten wurden. In der Mittagszeit waren die Kinder abzuholen. Nur wenige Kinder konnten, waren Mutter und Vater berufstätig, am

Nachmittag noch in einer kleinen Restegruppe betreut werden. Ungeregelt und hoch strittig blieben zunächst der zeitliche Mindestumfang und die zumutbare Entfernung zwischen Wohnung und Einrichtung. Völlig anders war die Lage in den 5 neuen Ländern. Häufig, wie in Brandenburg, fand man eine quasi Vollversorgung vor und weit über 90 % der Eltern kamen in den Genuss. Dort ging es nicht nur – wie im Westen – um möglichst viele Plätze für 3- bis 6-Jährige, sondern auch die quantitative Versorgung von Jüngeren in Liege- und Laufkrippen war umfänglich abgedeckt. In den Folgejahren begann nun in den neuen Ländern ein Abbau von Plätzen (bis die Vorgabe „bedarfsgerecht" in den Kommunen erfüllt war), während im Westen ein Aus- und Aufbau von Tagesstätten-Plätzen – wenn auch schleppend – in Angriff genommen wurde. Es gibt nebeneinander freie und private Träger. Nur im Land Berlin arbeiten noch etwa 60 % der Einrichtungen unter einer öffentlich-rechtlichen Trägerschaft.

Die Eltern mussten staunend erleben, dass Rechtsanspruch wenig mit Unterbringungspraxis zu tun hat. Nur der gewaltige Geburtenknick der Jahre 1990–2005 hat damals Schlimmeres verhütet. Die örtlichen Behörden konnten immer wieder auf Statistiken und Prognosen verweisen, wenn Eltern unzufrieden waren mit dem Platzangebot in unmittelbarer Nähe zur Wohnung und zwar unabhängig davon, ob ein Kita-Platz Geld gekostet hat oder nicht. Kein anderer Abschnitt im Bundesgesetz verweist schließlich so dezidiert auf differenziertere Vorgaben über *das Landesrecht,* wie der Abschnitt, der die §§ 22–26 zeigt (und § 26 ist der sogenannte Landesrechtsvorbehalt). Beim § 22 handelt es sich um eine „Einrichtungsnorm" mit Zielvorgaben. Zunächst definiert der Paragraf, was Tageseinrichtungen eigentlich sind. Im Mittelpunkt steht der Förderauftrag, aber auch der Bildungsauftrag wird bereits hier, und nicht erst in der Schule präsentiert. Abschn. 7.2 bestimmt ihren Zweck: sie sollen die Persönlichkeit des Kindes entwickeln, Erziehung und Bildung in der Familie unterstützen auf dem Hintergrund, dass die Eltern besser Berufstätigkeit und Kindererziehung in Einklang bekommen. Seit 2012 ergänzt der § 22 a die einschlägigen Paragrafen und legt Qualitätsanforderungen zentral fest: Grundlage der Arbeit in der Einrichtung muss eine pädagogische Konzeption sein und Qualitätskontrolle ist über Evaluation zu gewährleisten. Die Träger sollen sicherstellen, dass die Fachkräfte nicht nur mit den Erziehungsberechtigten kooperieren, sondern auch mit kinder- und familienbezogenen Institutionen und mit Schulen, um den Übergang zu sichern. Auch sind die KiTas aufgerufen, frühzeitig die Frage der Horterziehung neben und nach dem Schulbesuch organisierend zu klären. § 24 (1) schafft eine objektiv-rechtliche Verpflichtung zur Schaffung „bedarfsgerechter" Angebote an Kindergartenplätzen, die über Jugendhilfeplanung (siehe Abschn. 9.5) zu entstehen haben. Was noch immer strittig ist, ist die Umsetzung der Bedarfsbescheide am Ort; diese sprechen den Eltern 5, 7, 9 oder sogar 11 h Betreuung des Kindes zu.

Kurz zu den *Krippen,* sie waren in Westdeutschland fast gar nicht vorhanden. Erst 2005 durch das Artikelgesetz „Tagesbetreuungsausbaugesetz" kam es zum gezielten Ausbau von Krippenplätzen bis 2013. In dieser Phase wurden die Bedarfskriterien verschärft. Seit August 2013 nun gibt nun einen juristisch unbedingten, subjektiven, also harten Rechtsanspruch auf Förderung in Tageseinrichtungen und in Kindertagespflege für alle Kinder ab ein Jahr. Sogar jüngere Kinder sind zu fördern, wenn dies zur positiven Entwicklung beiträgt. Anspruchsberechtigt sind Familien, die Arbeit haben oder suchen, in einer Bildungsmaßnahme stecken oder Eingliederungsleistungen der Arbeitsagentur erhalten.

Noch einmal zur Abklärung: Kinder ab 3 Jahre haben den Rechtsanspruch auf einen Platz in einer Tageseinrichtung, Kinder unter 3 werden in Tageseinrichtungen *oder* in Kindertagespflege gefördert.

Das Gesetz zur Weiterentwicklung der Qualität und zur Teilhabe in der Kindertagesbetreuung – auch „Gute-KiTa-Gesetz" genannt, zeigt in § 2

Maßnahmen zur Weiterentwicklung der Qualität und zur Verbesserung der Teilhabe in der Kindertagesbetreuung

I Maßnahmen zur Weiterentwicklung der Qualität in der Kindertagesbetreuung werden auf folgenden Handlungsfeldern ergriffen:

1. ein bedarfsgerechtes Bildungs-, Erziehungs- und Betreuungsangebot in der Kindertagesbetreuung schaffen, welches insbesondere die Ermöglichung einer inklusiven Förderung aller Kinder sowie die bedarfsgerechte Ausweitung der Öffnungszeiten umfasst,
2. einen guten Fachkraft-Kind-Schlüssel in Tageseinrichtungen sicherstellen,
3. zur Gewinnung und Sicherung qualifizierter Fachkräfte in der Kindertagesbetreuung beitragen,
4. die Leitungen der Tageseinrichtungen stärken,
5. die Gestaltung der in der Kindertagesbetreuung genutzten Räumlichkeiten verbessern,
6. Maßnahmen und ganzheitliche Bildung in den Bereichen kindliche Entwicklung, Gesundheit, Ernährung und Bewegung fördern,
7. die sprachliche Bildung fördern,
8. die Kindertagespflege (§ 22 Absatz 1 Satz 2 des Achten Buches Sozialgesetzbuch) stärken,
9. die Steuerung des Systems der Kindertagesbetreuung im Sinne eines miteinander abgestimmten, kohärenten und zielorientierten Zusammenwirkens des Landes sowie der Träger der öffentlichen und freien Jugendhilfe verbessern oder
10. inhaltliche Herausforderungen in der Kindertagesbetreuung bewältigen, insbesondere die Umsetzung geeigneter Verfahren zur Beteiligung von Kindern sowie zur

Sicherstellung des Schutzes der Kinder vor sexualisierter Gewalt, Misshandlung und Vernachlässigung, die Integration von Kindern mit besonderen Bedarfen, die Zusammenarbeit mit Eltern und Familien, die Nutzung der Potenziale des Sozialraums und den Abbau geschlechterspezifischer Stereotype.

II Förderfähig sind zusätzlich auch Maßnahmen zur Entlastung der Eltern bei den Gebühren

7.2   Kindertagesstätten

Zum Oberbegriff Kindertagesstätte gehören die Kinderkrippe, der Kindergarten und ggf. ein Hort. Integrative bzw. inklusive KiTa nehmen Kinder ohne und mit Behinderungen auf. Das Personal ist multiprofessionell angelegt; im Wesentlichen geht es um Erzieherinnen, der Anteil männlicher Fachkräfte stagniert bei 4 %. Die Gruppenarbeit wird häufig mit verantwortet von PraktikantInnen. 60 % der Beschäftigten arbeiten in Teilzeit. Der Qualifizierung des Erzieher-Berufs (Abitur, ggf. Bachelor-Studium „Frühpädagogik") hat nicht zu mehr Personal geführt, denn die Entlohnung liegt unter der von GrundschullehrerInnen.

Eltern werden fast überall an den Kosten beteiligt, zumindest aber an der Essensfinanzierung. Die Länder erheben unterschiedliche Gebühren, oft einkommensabhängig, sowie nach Anzahl der Kinder, etwa von 8 bis 500 € monatlich. Angestrebt wird eine Kostenfreiheit für die täglich 5-stündige Grundversorgung.

Seit Juni 2021 heißt es im § 22 a: „Kinder mit Behinderungen und Kinder ohne Behinderungen sollen gemeinsam gefördert werden". Öffentliche Jugendhilfe und Rehabilitationsträger haben zusammenzuarbeiten. Die Regelungen zur *inklusiven* Betreuung in Tageseinrichtungen und in der Kindertagespflege sind weiterzuentwickeln.

7.2.1   Ein Mutter-Kind-„Fall (3)"

Nachbarn des 19-jährigen Bäckerlehrlings Babette haben ungewöhnliche Geräusche in deren Räumen vernommen: Poltern, Klappern, Kieksen und auch mal kurz Schreie. Als am Folgetag gegen 11 Uhr morgens auch Weinen zu hören war, versuchten sie über die Klingel Kontakt zu bekommen. Offenbar machte sich dann sich ein Kind (das Kind) an der Wohnungstür zu schaffen. Die Nachbarn verständigten die Polizei, die die Tür aufbrach und einen 2-jährigen vorfand in einer ziemlich verdreckten Umgebung, mit Getränken und Spielzeug versorgt. Die Polizei verständigte sofort das Jugendamt in IStadt. Der Kollegin war Name und Adresse von Mutter und Kind nicht bekannt. Das Kind sagte, die Mutter sei „abaiteen". Man verbrachte das Kind vorerst im Kindernotdienst und versuchte die Mutter zu ermitteln. Schließlich stieß die Kollegin auf eine Akte in WStadt nebenan. Das Jugendamt dort kannte Mutter und Kind, denn diese waren in den letzten zwei Jahren betreut worden. Als die volljährige Mutter den Bezirk verlassen habe, um mit dem Kleinkind in eine eigene Wohnung zu ziehen, sei man davon ausgegangen, dass eine Verselbstständigung stattgefunden habe. Gerüchtweise verlautete, die Heranwachsende habe hocherfreut eine Bäckerlehrstelle in HStadt bekommen. Wer hat sich hier falsch verhalten? Was hätte die Mutter tun sollen? Was hätte das Amt in Wstadt veranlassen können? Gibt es gute Lösungsvorschläge für Mutter und Kind?

Auflösung weiter unten

7.3   Die Kindertagespflege; Selbstorganisation von Betreuung

Was früher umgangssprachlich „Tagesmutter" hieß, heißt heute Tagespflegeperson, die dann vom Jugendamt zugelassen, überprüft, weitergebildet und entschädigt wird, einschließlich Unfallversicherung, Kranken- und Alterssicherung. Solche Personen müssen kindgerechte Räume vorzeigen und müssen „vertiefte Kenntnisse" im Arbeitsfeld Kindertagespflege vorweisen. Die Fachkräfte haben Anspruch auf Beratung. Wollen sich mehrere zusammenschließen, wird dies unterstützt (vgl. SGB VIII, § 23, Absätze 1, 2, 3 und 4). Allerdings sind viele von ihnen sehr unzufrieden mit den Arbeitsbedingungen und fordern gerade öffentlich in Berlin im Herbst 2019

- Angleichung der Betriebskostenausgabenpauschale an die tatsächlichen Lebenshaltungskosten
- Abschaffung der Anrechnung der Mietzahlungen auf unsere Einkünfte
- eine deutlich bessere, damit gerechte und wert-schätzende Bezahlung
- Anerkennung als Berufsstand
- dringende Anerkennung als Bildungsstätte (bringt steuerliche Gerechtigkeit)
- Gleichstellung für *alle* Kindertagespflegepersonen

Für die öffentliche Jugendhilfe wäre es weniger kostspielig, würden Eltern und andere Erziehungsberechtigte die Sache am Ort häufiger selbst in die Hand nehmen. Der § 25 SGB VIII hält lapidar fest, dass diese Initiativen in solchen Fällen „beraten und unterstützt" werden.

7.4   Ausführungsgesetze der 16 Bundesländer

Der § 26 stellt wie gesagt klar: „Das Nähere über Inhalt und Umfang der in diesem Abschnitt geregelten Aufgaben und Leistungen regelt das Landesrecht." Eine an und für sich überflüssige Position. Aber gerade im Kita-Bereich unterstreicht sie, dass die Länder präziser, auf die Regionen bezogener und vor allem weitergehender Landesrecht ausformulieren sollen. Es ist klar, dass die Länder keine einschränkenderen, reduzierten Gesetze beschließen dürfen, denn „Bundesrecht bricht Landesrecht". In diesem schmalen Text finden die Länder nicht den nötigen Raum; BürgerInnen sollten sich z. B. online ihr jeweiliges AG-KJHG (Kindertagesstättenförderungsgesetz) besorgen, flankiert manchmal von Kita-Kostenbeteiligungsgesetzen, oder einem Hort-Gesetz, wie in Sachsen-Anhalt. In all diesen Landesgesetzen geht es vornehmlich um die pädagogische, organisatorische und personelle Ausgestaltung. Besondere oder zusätzliche Ausstattungen werden benannt, Gruppengröße/Personalschlüssel können über Rahmendiktate gezeigt werden und die Art und Weise der Partizipation von Erziehungsberechtigten kann vorgestellt werden. In einer quantitativen Analyse der Betreuungsschlüssel in den Ländern wird eine markante Kluft deutlich. Extreme Unterschiede zeigen z. B. Hortgruppen in Hamburg (1:5) gegenüber Sachsen (1:15); bei Kindergartengruppen ab 3 und altersgemischten Gruppen liefert Baden-Württemberg (1:7), Mecklenburg-Vorpommern nur (1:12); auch bei den U-3-Gruppen „führt" B.-W. (1:3) gegenüber Sachsen-Anhalt, und identisch M.-V., (1:6) (KomDat, 2019 H 1, S. 10). Was den Rechtsanspruch angeht, handeln die Bundesländer sehr unterschiedlich. Seit Januar 2018 besteht in Berlin ein Rechtsanspruch auf einen KiTa-Platz ab 1 Jahr mit 7-h Basisbedarf und Kostenfreiheit. Und das Bundeslandes Bayern hat sich sogar bei der Ansiedlung des Arbeitsbereichs ganz anders entschieden: Dort sind die KiTas dem Bildungswesen und nicht der Jugendhilfe zugeordnet, eine Position, die von fast allen bekannten PädagogInnen geteilt wird.

7.5   Die Hortproblematik

Während die Schulverwaltungen der Länder zunehmend Erziehung, Bildung und Betreuung mittels Ganztagsschulen verantworten und Schulhorte anbieten, ist für die Nachmittagsbetreuung außerhalb von Schulen die Jugendhilfe zuständig. War früher das Betreuungsangebot gering bis katastrophal (es entstanden kompensierend die legendären und z. T. denunzierten Schülerläden alternativer, politisch linksstehender Eltern), so gibt es inzwischen fast bedarfsgerecht sogenannte Hortplätze. Auch hier ist die Maßgabe der Jugendhilfeplanung gefordert, ausreichend Plätze vom Umfang sowie von der Qualität her in Jugendhilfeeinrichtungen für Schulkinder zu organisieren.

Da in der Regel (außer meines Wissens in NRW bis 14 Jahre) Hortplätze nur bis zum vollendeten 12. Lebensjahr bereitzustellen sind, ist eine „Lückekinder"-Problematik in den Städten entstanden. Unter 14-Jährige, die in Jugendfreizeitheimen noch keine adäquaten Beschäftigungsangebote finden, sind deshalb häufig „Schlüsselkinder".

Auflösung „Fall 3" Tatsächlich fuhr die junge Mutter jeden Morgen gegen 5:50 Uhr mit den Öffentlichen nach HStadt und am Nachmittag zurück, um ab 16:40 wieder bei ihrem Kind zu sein. Das war nun schon vier Tage lang gut gegangen. Sie hatte gehört, dass Kita-Plätze a) nicht morgens um 5 Uhr öffnen und b) Geld kosten, nicht bezahlbar sind vom Lehrgeld, das gerade mal für die Miete reicht. Sie hatte Wohngeld beantragen wollen.

Das Jugendamt in WStadt hat grob fahrlässig gehandelt und gegen Grundsätze der Aktenführung verstoßen: Eine sofortige Weiterleitung der Akte und mündliche Abstimmung mit den Kollegen in der Nachbarstadt war zwingend nötig. Man gab an, es innerhalb der nächsten 6 Monaten tun zu wollen, dann mal eine Nachsorge-Prüfung zu veranlassen. Die Jugendhilfeakte sei ja bei der 19-Jährigen nun zu einer Sozialhilfeakte in WStadt transformiert, damit von dort Unterstützung kommen könne. Von der Mutter läge weder die konkrete Adresse, noch ein neuer Jugendhilfeantrag vor.

Als Minderjährige lebte die junge Frau in einem Heim gemäß § 34 SGB VIII in WStadt, schaffte den 9.-Klasse-Abschluss noch und wurde schwanger. Sie bekam dann Betreutes Einzelwohnen gemäß § 19, fand die Lehrstelle und zog mutig „eigenständig" mit 19 aus. Die Betreuerin sagte, es habe nun keine Veranlassung gegeben, neu § 41 für junge Volljährige zu beantragen, da die junge Mutter das nicht verfolgen wollte. Das Mindeste, den § 41 (3) Nachsorge (alt; heute: § 41 a), habe sie nicht veranlasst, denn dafür sei das Jugendamt zuständig, das umgekehrt die

Betreuerin beschuldigt, nicht die nötigen Übergangs-Unterstützungen sowie Beratung organisiert zu haben. Der Konflikt hätte nicht aufkommen müssen; vor allem hat unbedingt eine Hilfeplankonferenz unter Federführung des örtlich zuständigen Jugendamts vor Verlassen der Jugendhilfeeinrichtung gefehlt.

Nun einigen sich Sozialamt und Jugendamt in IStadt, wer an den „Fall" geht. Die Jugendhilfe möchte noch für mindestens ein Jahr übernehmen und veranlassen, dass das Kind in eine Integrations-KiTa kommt (ein Psychiater hat eine drohende psychische Behinderung erkannt sowie „drohende Verwahrlosung"). Die Mutter kann in der Wohnung bleiben, sie erhält Wohngeld. Sie muss das Kind tatsächlich morgens für 2,5 h in den *Kindernotdienst Tag und Nacht* bringen, der das Kind dann in der örtlichen Integrations-KiTa abliefert. Aber das kann auf Dauer nicht organisiert werden. Die Kollegin im Jugendamt sucht (mithilfe Freier Träger oder der Arbeitsagentur) nach einer entsprechenden Lehrstelle in ihrer Stadt und findet nach 5 Wochen sogar eine die bereit ist, die junge Frau erst ab 6:45 Uhr arbeiten zu lassen.

Andere Aufgaben, Zusammenarbeit, Planung   8

In diesem Kapitel, dass sich immer noch weitestgehend mit den Inhalten des SGB VIII – Kinder und Jugendhilfe befasst, werden wir einen Blick auf relativ wichtige Positionen richten, die sich den Aufgaben und Leistungen hinter § 42 anschließen. Es kann tatsächlich nur eine Auswahl sein, und der Vorwurf der Willkür bei der Auswahl ist nicht unberechtigt. Herausgegriffen habe ich wenige weitere Fragen und nur solche, die in der Praxis von Beratungsarbeit in der Jugendhilfe vorkamen. Damit ist nicht gesagt, dass es unbedeutende, irrelevante Paragrafen im Gesetz gibt. Im Gegenteil: wir nehmen zur Kenntnis, dass in Abständen noch Positionen eingefügt werden müssen, weil sie Relevanz besitzen. Man erkennt sie daran, dass sie kleine Buchstaben hinter den Zahlen haben. Verzichtet habe ich, folgen wir der Gliederung des Gesetzes, auf Fragen der Arbeitserlaubnis für Einrichtungen, Schutz von Sozialdaten, Anerkennung von Trägern, Fragen der Entgelte und Qualitätsentwicklung, auf zentrale Aufgaben, örtliche Zuständigkeiten und Kostenerstattung; schließlich geht es im Folgenden auch nicht um Kostenbeteiligung und nicht um die Kinder- und Jugendhilfestatistik. Auch Straf- und Bußgeldvorschriften entfallen. Wir kümmern uns also am Ende der Beschreibung des SGB VIII um ausgewählte *andere Aufgaben,* um die *Zusammenarbeit* von Fachkräften sowie um die *Jugendhilfeplanung,* die bitte nicht mit *Hilfeplanverfahren* verwechselt werden sollte.

8.1   Mitwirkung vor Familien- und Jugendgerichten

Selbstverständlich unterstützt das Jugendamt die Familiengerichte bei allen Personensorgemaßnahmen, die Kinder und Jugendliche betreffen, also bei den Themen

---

Die Korrektur zu diesem Kapitel ist zu finden unter
https://doi.org/10.1007/978-3-658-35224-0_11

© Springer Fachmedien Wiesbaden GmbH, ein Teil von Springer Nature 2021,   49
korrigierte Publikation 2022
M. Günther, *Kinder- und Jugendhilferecht*, essentials,
https://doi.org/10.1007/978-3-658-35224-0_8

elterliche Sorge und *Umgangsrecht*. Details sind im § 50 SGB VIII geregelt, einer Korrespondenznorm. Es treffen SozialpädagogInnen auf JuristInnen. Berührungspunkte und Schnittmengen in der Arbeit sind Fragen des Kindeswohls, in denen traditionell vorsichtig kooperiert wird. Die damals konservative Politik ging lange Zeit davon aus, dass Ehe und Familie die „Keimzelle des Staates" seien. Entsprechend hatten sich Jugendämter (und Familiengerichte taten es unabhängig von sich aus) zurückzuhalten. Auch im Zuge von gebotener Kooperation/Mitwirkung dieser zwei Organe des Staates sind die Vorgaben des Datenschutzes unbedingt zu beachten. So dürfen Jugendämter nicht ohne Einverständnis einfach Hausbesuche machen, nur weil das Familiengericht sich unsicher ist, ob die Zustände in einer bestimmten Familie tolerierbar sind. Es gibt keine einheitlichen Empfehlungen zur Umsetzung der Mitwirkungshilfe. Dazu der „Vater des Kinder- und Jugendhilferechts": „Besondere Bemühungen sollten darauf gerichtet sein, Zugang zu den betroffenen Klienten, ggf. den Familien, „zum System" zu bekommen, um eine zumindest akzeptierende Gesprächsbasis zu schaffen, also auch alles zu vermeiden, was diesen Weg behindern könnte, etwa durch eine zu starke Machtdemonstration…" (Wiesner 2005, S. 917). Näheres bestimmt das Gerichtsverfahrensrecht. Gebräuchlich ist auch der 15-Punkte Leitfaden des Familiengerichts München, „Münchener Modell". Detaillierte Einblicke liefert das Buch von R. Balloff (2018) „Kinder vor dem Familiengericht".

Werden Jugendliche (14–17 Jahre und 364 Tage) sowie Heranwachsende (18 Jahre bis 20 J und 364 Tage) straffällig, gilt zwingend das Jugendgerichtsgesetz (§ 38 JGG). In diesen Fällen besteht eine Mitwirkungsverpflichtung der Jugendämter in Form der sog. Jugendgerichtshilfe. Das heißt: Die Jugendgerichtshilfe wird immer informiert, wenn junge Menschen zwischen 14 und 21 Jahren straffällig geworden sind. Die Jugendstaatsanwaltschaften geben den SozialpädagogInnen der Jugendgerichtshilfe Zeit, um die Beschuldigten vorzuladen oder um Hausbesuche durchzuführen, damit die Jugend-Strafverfolgungsbehörden (Jugendstaatsanwalt und Jugendgericht) das Lebensumfeld der jungen Menschen kennen lernen und dadurch wichtige Faktoren für das Jugendstrafverfahren ermitteln. Die VertreterInnen der Jugendgerichtshilfe unterliegen nicht der Verschwiegenheitsplicht und dürfen auch nicht die Interessen der Delinquenten vertreten. Vielmehr bringen „die VertreterInnen der JGH im Verfahren vor den Jugendgerichten die erzieherischen, sozialen und fürsorgerischen Gesichtspunkte zur Geltung" (Creifels 2004, S. 262). Sollte es den KollegInnen aus dem Jugendamt gelungen sein, einen verbindlichen Kontakt zur Klientel (das sind keine MandantInnen) aufzubauen, wird das Gericht den Ausführungen und Empfehlungen der JGH im Prozess auch meist folgen.

8.2 (Amts-)Vormundschaften

Beamte in der Funktion eines Vormunds sind in allem was sie tun nur ihrem Mündel verpflichtet. In den Behörden ist es selbstverständlich üblich, dass im Rahmen der Hierarchie die Sekretärin SozialarbeiterInnen unterstellt ist, diese ihrer Gruppenleitung, diese wiederum auf die Direktion hört, die sich an Vorgaben der DezernentInnen hält. Was „oben" gesagt wurde, muss „unten" umgesetzt werden. Öffentlich im Dienst dürfen Untergebene keine eigene Meinung zeigen, denn „die Verwaltung spricht mit einer Zunge". Damit ist nicht gesagt, dass das Jugendamt einer Diktatur gleicht. Jederzeit können MitarbeiterInnen die übernächste Instanz informieren über Streitpunkte. Auch darf das Landesjugendamt – auf dem Dienstweg – informiert und befragt werden. Nicht zuletzt ist der Jugendhilfeausschuss auf kommunaler oder Landesebene ein sehr geeigneter Ansprechpartner in Konfliktfragen, denn er ist Teil des Jugendamts und die Einbeziehung gilt so nicht als „nach außen Tragen" von Verwaltungsgeheimnissen. Zurück zum Vormund: dieser steht exklusiv nicht in dieser Hierarchie, sondern arbeitet, einmal bestellt, fürs Mündel nach bestem Wissen und Gewissen. Mischt sich die Jugendamtsdirektion ein, handelt es sich um Empfehlungen und nicht um Weisungen bzw. Verfügungen.

BeamtInnen sind die gesetzlichen Vertreter ihrer Mündel. Vollzeit-Amtsvormünder dürfen maximal 50 Mündel betreuen. Sucht das Familiengericht einen Vormund, hat das Jugendamt Personen vorzuschlagen, ob aus der Verwaltung oder andere. Häufig werden auch RechtsanwältInnen eingesetzt. Auch Vereine können Vormund sein. Ist eine Mutter bei der Geburt nicht verheiratet, tritt automatisch eine Pflegschaft gemäß § 52 a SGB VIII ein. Nur wenn eine Vaterschaftsanerkennung und Sorgerechtsregelung getroffen wurde, entfällt diese Aufgabe wieder.

8.3 Was bedeutet „Dreiecksverhältnis"?

Zur Veranschaulichung von Jugendhilfe haben Fachleute immer wieder das Bild eines *Dreiecks* herangezogen. Das Leistungsgesetz SGB VIII wirkt im Zusammenspiel von drei Kräften. An der Spitze des Dreiecks befinden sich die Anspruchsberechtigten: Eltern gemäß § 27 (1), die Kinder nach § 35a sowie Volljährige gemäß § 41 SGB VIII. Am Fuße des Dreiecks links unten stehen die Träger der freien Jugendhilfe, zusammengeschlossen in der „LIGA der freien Wohlfahrtsverbände" (LIGA) – Arbeiterwohlfahrt, Caritas, Deutsches Rotes Kreuz, Diakonie, der Paritätische sowie die Jüdische Gemeinde. Die Träger haben keine eigenen Einrichtungen, sondern „verwahren" Vereine unter ihrem Dach, denn so erlangen diese zügig die ersehnte Gemeinnützigkeit. Träger links unten und Anspruchsberechtigte oben stehen in einem zivilrechtlichen Verhältnis zueinander, denn sie „vertragen" sich. Unten rechts im Dreieck stehen die Jugendämter als Träger der öffentlichen Jugendhilfe. Sie stehen in einer öffentlichen rechtlichen Rechtsbeziehung zu den Trägern der LIGA über die Regelungen in den §§ 3, 4 und 74 SGB VIII. Das Verhältnis von den betroffenen Menschen an der Spitze des Dreiecks zur Öffentlichen Jugendhilfe basiert auf der objektiven Rechtsverpflichtung der staatlichen/kommunalen Dienste, denn ggf. haben BürgerInnen Rechtsansprüche – das kann insbesondere auf Angebote nach den §§ 11–21 sein, KiTa-Plätze gemäß §§ 22–26, HzE nach 27–41 und weitere mehr, öffentliches Recht betreffend.

Abbildung „Dreiecksverhältnis"

8.4   Jugendhilfeplanung, §-78-Arbeitsgemeinschaften

Nach Verabschiedung des KJHG wurde die dort von Anfang an vorgesehene Jugendhilfeplanung gemäß Art 1, § 80 jahrelang recht stiefmütterlich behandelt. JugendamtsleiterInnen sahen sich selbst als die großen Planer und wollten nicht unbedingt weiteres Geld (Personalkosten) ausgeben; sie wussten auch nicht, welche akademische Berufsgruppe sich qualifiziert damit befassen könnte. Die Dezernate sahen das ähnlich. Ab 1996 wurden zunehmend Planungsaufgaben spezialisiert von Stabsstellen in der Behörde übernommen. Zu diesen Aufgaben gehören die Bestandsfeststellung, Bedarfsermittlung, Planung von weiteren Leistungen und Maßnahmen, Evaluation und ggf. die Ausrichtung auf besondere Konzepte wie *Offensive Jugendhilfe* oder *Lebensweltorientierung, Flexible Erziehungshilfen, Sozialraumorientierung* oder *Jugendhilfestationen*. „Jugendhilfeplanung wird heute vor allem als unverzichtbares Instrument der Sozialplanung und -statistik gesehen, auch um Sozialatlanten entwerfen und gestalten zu können" (Jordan und Schone 1992, S. 150). Seit 2021 hat das Fachgremium gem. § 78 Satz 3 auch selbstorganisierte Zusammenschlüsse einzubeziehen.

Bei der Vorgabe, dass die Träger der öffentlichen Jugendhilfe *Arbeitsgemeinschaften* bilden sollen, handelt es sich um eine Soll-Bestimmung. Da die § 78-AGen keine wirklichen Kompetenzen besitzen, handelt es sich nicht selten um Gremien, die von Außenstehenden belächelt werden: „Hauptsache, sie haben darüber geredet". Je engagierter, strukturierter und partizipativer die Gesprächsleitung auftritt, desto effektiver ist die AG.

8.5   Das Jugendamt besteht aus zwei Instanzen

„Die Aufgaben des Jugendamts werden durch den Jugendhilfeausschuss und die Verwaltung des Jugendamts wahrgenommen." (SGB VIII § 70 (1))

Beim JHA handelt sich um ein fachlich und politisch besetztes Gremium, das auf Kreis-, Bezirks-, Stadt- oder Landebene zu arbeiten hat. Die Kommunalverwaltungen richten in Abstimmung mit den Fraktionen der ins örtliche Parlament gewählten Parteien und Bürgerinitiativen diverse Ausschüsse ein. Der einzige Ausschuss, der zugleich Rechte wie ein Amt hat, ist der Jugendhilfeausschuss. Seine Zusammensetzung wird über Landesrecht bestimmt. Zusammensetzung und Aufgaben lauten z. B. in Bremen sowie zusätzlich in Bremerhaven wie folgt (aus Brem AG KJHG, Fassung von 12/2000 – gekürzt):

„Beim Amt für Soziale Dienste in Bremen und beim Jugendamt in Bremerhaven werden jeweils ein Jugendhilfeausschuss eingerichtet, dem 15 stimmberechtigte und höchstens 12 beratende Mitglieder angehören. Stimmberechtigte Mitglieder sind

1. neun Mitglieder der Vertretungskörperschaften (Stadtbürgerschaft oder Stadtverordnetenversammlung) oder von ihr gewählte Frauen und Männer, die in der Jugendhilfe erfahren sind;
2. sechs Vertreter oder Vertreterinnen der anerkannten Träger der freien Jugendhilfe, die in der jeweiligen Stadtgemeinde wirken.

Beratende Mitglieder der Jugendhilfeausschüsse sind

1. in Bremen das für die Jugendhilfe zuständige Senatsmitglied oder sein Vertreter im Amt, in Bremerhaven das für die Jugendhilfe zuständige Magistratsmitglied oder sein Vertreter im Amt,
2. der Leiter oder die Leiterin des Amtes für Soziale Dienste in Bremen oder der Leiter oder die Leiterin des Jugendamtes in Bremerhaven, (…)".
3. Es wurden fachliche sowie politische Aspekte herangezogen und bei der Auswahl wurde auch auf Parität von Frauen und Männern geachtet. Die Spitze des Jugendamts hat (bis 2021) nur eine *beratende* Stimme, *sie* steuert den Ausschuss nicht. Leitung, Entwicklung, Themenplanung, Heranziehen von weiteren Fachkräften, all das wird von den Stimmberechtigten bzw. dem/der Vorsitzenden vorgenommen.

Durch das KJSG kommen auf alle JHA die Neuerungen zu, dass ggf. die Amtsleitung eine beschließende Stimme erhält und dass örtliche, relevante *selbstorganisierte Zusammenschlüsse* mit beratender Stimme anzuheuern sind.

Wie die örtliche Fachverwaltung strukturiert ist, hängt von der Einwohnerzahl der Kommune ab und von internen Verwaltungs-Entscheidungen am Ort. Wir müssen das nicht vertiefen, aber natürlich sind für die Kernaufgaben des SGB VIII jeweils Abteilungen, Ämter, Referate, Gruppen oder Einzelpersonen zuständig. Das betrifft immer (neben Büroleitung, allgemeiner Verwaltung sowie als Stabsstelle die Planung)

- die wirtschaftlichen Hilfen,
- das KiTa-Wesen,
- die Jugendarbeit,
- die Sozialpädagogischen Dienste,
- die Fremdunterbringung,
- die JGH und
- die Vormundschaft.

Der Jugendhilfeausschuss ist mehr oder weniger aktiv und konstruktiv im Hinblick auf örtliche Bedingungen, auf Ereignisse, Krisen und Versorgungsmängel im Fachressort Die Dynamik z. B. in Bad Kreuznach ist anders als in Friedrichshain-Kreuzberg. Wenn der Ausschuss beschließt, dass ein Abenteuerspielplatz zu errichten ist, wird das in 1 bis 3 Jahren spätestens geschehen müssen, ebenso kann der KiTa-Ausbau oder das Outsourcing von Diensten beschlossen werden. Üblich ist, dass der/die JugendhilfeplanerIn ständig an der Seite der (den Ausschuss beratenden) Amtsleitung sitzt, um bei Anfragen über geleistete Arbeit und Planungen zu berichten.

Jedermann und jede Frau, auch Minderjährige, Projekte und Initiativen können sich mit Anliegen an ein stimmberechtigtes Mitglied, an Parteienvertreter oder an den Vorsitz im Jugendhilfeausschuss wenden (siehe auch: Münder, J. und Ottenberg, P.: „Der Jugendhilfeausschuss").

Alle Bundesländer besitzen einen Landesjugendhilfeausschuss, oft unterstützt von fachlichen Unterausschüssen. Diese besprechen und planen übergreifende Aspekte der Jugendhilfe in allgemeiner Form. Die Bundesländer selbst machen keine *sozialpädagogische* Arbeit, mit Ausnahme der *Bewährungshilfe* (Jugend). Wenn das SGB VIII von „oberster Landesjugendbehörde" spricht, kann damit das Ministerium bzw. der Senat für Jugend gemeint sein *oder* ein Landesjugendamt, das nicht alle Länder eingerichtet haben.

Andere wichtige Gesetze im Jugendrecht sowie „Verschwiegenheit"

9

9.1 Das Jugendstrafrecht im JGG

Die Justiz misst den schwierigen Lebensumständen junger Volljähriger mehr Bedeutung bei als die Jugendhilfe. Der Jugendgerichtsgesetz-§ 105 eröffnet Staatsanwaltschaften und Gerichten einen Ermessensspielraum: Straftäter im Alter zwischen 18 und 21 Jahren werden dann wie Minderjährige behandelt, wenn sie zur Zeit der Tat nach der „sittlichen und geistigen Entwicklung einem Jugendlichen gleichstehen" oder wenn es sich um eine Jugendverfehlung handelt. Dies bedeutet, dass die Straftaten der Heranwachsenden „wohlwollend" geprüft und ggf. mit pädagogisch durchdachten Strafen (Weisungen, Diversion, Täter-Opfer-Ausgleich) sanktioniert werden.

Alle Jahre wieder wird darüber debattiert, dass die *Altersgrenzen* nicht angemessen seien. „Das Erwachsenenstrafrecht muss bereits mit 18 Jahren einsetzen" oder „Strafmündigkeit muss mit 12 Jahren beginnen" sind Positionen innerhalb von CSU oder Polizeigewerkschaft. Das Jugendgerichtsgesetz gilt für den Umgang mit *Jugendlichen und Heranwachsenden,* also die 14- bis 21-Jährigen. Zuständig sind JugendrichterInnen und die Jugendstaatsanwaltschaft sowie die örtliche *Jugendgerichtshilfe* des Jugendamts – diese ist regelmäßig so früh wie möglich zur Vermittlung zwischen den „Fronten" heranzuziehen (JGG §§ 33, 36, 38 und 107; StGB § 10). Hätte ich das Sagen, würden über „Sach"verständige sowohl die 18- bis 21-Jährigen als auch die 12- bis 15-Jährigen Beschuldigten nach ihrem „Reifestand" begutachtet, ob noch *Kind,* ob bereits bzw. noch *jugendlich* oder ob schon *erwachsen.*

Einschluss-Maßnahmen gemäß JGG haben erzieherischen Charakter und finden in drei verschiedenen Anstalten statt: *Jugendstrafe* immer in der Jugendstrafanstalt und dauert mindestens 6 Monate; wer über 3 Jahre bekommt, kann

© Springer Fachmedien Wiesbaden GmbH, ein Teil von Springer Nature 2021
M. Günther, *Kinder- und Jugendhilferecht*, essentials,
https://doi.org/10.1007/978-3-658-35224-0_9

dort innen eine Lehre absolvieren. Das Maximum an Strafunterbringungszeit ist 10 Jahre, eine Ausnahmeregelung erlaubt ggf. 15 Jahre. Kürzere Vollzugszeiten finden statt in *Freizeitarresträumen* (2 Tage) oder in *Jugendarrestanstalten* (Dauerarrest 3 Tage bis 6 Monate) (siehe Jugendarrestanstaltsvollzugsordnung JAVollzO).

Schuldfähig sein heißt *strafrechtlich verantwortlich* und ist gleich *strafmündig.*
Im Jugendstrafverfahren vor dem Jugendschöffengericht mit einem Jugendrichter und zwei Jugendschöffen werden die persönliche Entwicklung, die derzeitige Lebenslage und die individuellen Probleme der jungen Menschen stärker berücksichtigt als im Strafverfahren gegen Erwachsene ab 21. Wenn Jugendliche von RichterInnen zur Verantwortung gezogen werden, können drei Formen von Folgen beschlossen werden: Erziehungsmaßregeln (Weisungen einschließlich Täter-Opfer-Ausgleich und Anordnung einer Hilfe zur Erziehung nach SGB VIII), Zuchtmittel (Verwarnung, Auflagen, Jugendarrest/Kurzarrest/Dauerarrest) oder Jugendstrafe im engeren Sinn (JGG §§ 9–18).

9.2   Das Familienverfahrensgesetz FamFG

Beim FamFG handelt es sich um ein wenig attraktives Verfahrensgesetz mit 493 Paragrafen, die sich in der Regel förmlich mit allgemeinen Vorschriften und Verfahrensfragen bemühen. Im Buch 2 werden u. a. folgende Sachgebiete unterschieden:

- Familiensachen,
- Ehe/Scheidungssachen,
- Kindschaftssachen,
- Abstammungssachen,
- Adoptionssachen,
- Gewaltschutzsachen.

Der § 185 fixiert als „Muss"-Bestimmung, dass das Familiengericht zur Wahrnehmung der Interessen des minderjährigen Kindes, wenn erforderlich, einen *Verfahrensbeistand* zu bestellen hat. Der Verfahrensbeistand ersetzt seit 2009 (Inkrafttreten des FamFG) im familiengerichtlichen Verfahren bisherige Verfahrenspfleger. Er hat die Aufgabe, in kindschaftsrechtlichen Verfahren die Interessen Minderjähriger zu vertreten, kann Anträge stellen, Rechtsmittel einlegen (über das vom Oberlandesgericht entschieden wird) und an den Anhörungen teilnehmen.

Der Verfahrensbeistand wird auch als „Anwalt des Kindes" bezeichnet. Inhalt und Auftrag der Verfahrensbeistandschaft sind geregelt in den §§ 158, 167, 174 u. 191 FamFG. Die Bestellung eines Verfahrensbeistands erfolgt in der Regel

- bei Verfahren nach dem § 1666 des Bürgerlichen Gesetzbuchs, wenn die teilweise oder vollständige Entziehung der Personensorge in Betracht kommt (Kindeswohlgefährdung),
- wenn eine Trennung des Kindes von der Person erfolgen soll, in deren Obhut es sich befindet (§ 1666 a BGB),
- in Verfahren, die die Herausgabe des Kindes oder eine Verbleibensanordnung zum Gegenstand haben (§ 1632 BGB),
- wenn der Ausschluss oder eine wesentliche Beschränkung des Umgangsrechts in Betracht kommt (§ 1684 BGB),
- und bei Unterbringungsverfahren, wenn eine freiheitsentziehende Unterbringung von Minderjährigen (d. h. gegen ihren Willen und u. U. unter Anwendung von Gewalt durch die Polizei oder den Gerichtsvollzieher), etwa in einer kinder- und jugendpsychiatrischen Einrichtung, infrage kommt (§ 1631b BGB).

Ebenso soll ein Verfahrensbeistand bestellt werden, wenn das Interesse des Kindes zu dem seiner gesetzlichen Vertreter in erheblichem Gegensatz steht, wovon ausgegangen werden kann, wenn zwei sorgeberechtigte Elternteile je verschiedene Ansprüche bezüglich des Kindes formulieren, etwa wenn bei der Trennung der Eltern Uneinigkeit darüber besteht, bei welchem Elternteil das Kind zukünftig leben soll und auch, wenn dies in Abstammungs- oder Adoptionssachen zur Wahrnehmung der Interessen des minderjährigen Beteiligten erforderlich ist. Das Gericht hat dem Verfahrensbeistand die zusätzliche Aufgabe übertragen, Gespräche mit den Eltern und weiteren Bezugspersonen des Kindes zu führen sowie am Zustandekommen einer einvernehmlichen Regelung über den Verfahrensgegenstand mitzuwirken. Er ist *nicht* gesetzlicher Vertreter des Kindes; er wird in der Regel ein oder mehrere Gespräche mit dem Kind führen und auch mit Eltern oder anderen Bezugspersonen sprechen. In der Regel wird der Verfahrensbeistand spätestens zum Anhörungstermin einen schriftlichen Bericht vorlegen.

„Jeder und jede" kann zum Verfahrensbeistand bestellt werden, eine bestimmte Ausbildung ist nicht zwingend erforderlich. Wegen der nötigen rechtlichen, (entwicklungs-)psychologischen und systemisch-familientherapeutischen Kenntnisse verfügen die meisten Verfahrensbeistände jedoch über eine fachrelevante Grundausbildung, oft über ein Studium in Sozialpädagogik, Psychologie oder

Jura, welche durch eine spezielle Zusatzausbildung ergänzt wird. Die Auswahl der Verfahrensbeistände übernimmt das Familiengericht gemäß FamFG § 276 (Günther 2019, S. 39 f.).

9.3   Das Gesetz zur Kooperation und Information im Kinderschutz

Das kleine eigenständige Bundesgesetz KKG mit bislang nur vier Paragrafen haben wir bereits im Kontext Kinderschutz (SGB VIII §§ 8 a/8 b) im Abschn. 6.1 beschrieben. ÄrztInnen sowie ZahnärztInnen werden einbezogen, sollen bitte mitwirken bei möglichen Gefahrenlagen im Kinderschutz und erhalten verbindliches Feedback durch die Jugendhilfe über die getroffenen Regelungen. Ein § 5 kommt neu hinzu: auch Strafverfolgungsbehörden sowie Gerichte haben nun bei Anhaltspunkten für Kindeswohlgefährdung fallbezogen, insbesondere wenn beschuldigte Personen mit Minderjährigen in häuslicher Gemeinschaft leben, diese unverzüglich dem örtlichen Jugendamt zu übermitteln.

9.4   Jugendarbeitsschutzgesetz/Verordnung zur Kinderarbeit

Die Kinderarbeitsschutzverordnung vom 23. Juli 1998 hält fest, mit welchen Beschäftigungen man Kinder über 13 Jahre und vollzeitschulpflichtige Jugendliche (also in der Regel 14- und 15-Jährige) betrauen darf (irreführend ist die Festlegung des Jugendarbeitsschutzgesetzes von 1976, zuletzt geändert 2017, § 2, dass das Kindheitsalter mit 15 Jahren endet und das Jugendalter somit erst mit 15 beginnt; es wäre besser, als Datum die Versetzung in Klasse 10 zu nehmen). Verstöße gelten als Ordnungswidrigkeiten und werden mit Bußgeldern geahndet. Die wesentlichen Inhalte von Gesetz und Verordnung werden in der folgenden Tabelle festgehalten.

Das Jugendarbeitsschutzgesetz in Tabellenform

Erlaubnis nach Prüfung durch beim Jugendamt:		
Alter	Tägliche Arbeitsdauer maximal	Art der Beschäftigungen
3–6 J	2 h täglich zwischen 8 u. 17 Uhr	Musik, Werbung, Hörfunk, Fernsehen, Film- u. Fotoaufnahmen
6–15	3 h täglich zwischen 8 u. 22 Uhr	

6–15	4 h täglich zwischen 10 u. 23 Uhr	Theater

Generell gilt als erlaubt für noch Vollzeitschulpflichtige:

Alter	Arbeitsdauer maximal	Art der Beschäftigungen
13–15	2 h täglich nach Schule bis 18 Uhr	„leichte Arbeit"
13–15	3 h täglich	… ggf. in der Landwirtschaft der Familie
15–18	4 Wochen in Schulferien pro Jahr	„Ferienjobs"

Generell gilt als erlaubt für nicht mehr Vollzeitschulpflichtige:

Alter	Arbeitsdauer maximal	Art der Beschäftigungen
14	bis 7 h täglich, bis 35 h/Woche	diverse
15–18	bis 8 h täglich, bis 40 h/Woche	diverse
16	bis 9 h täglich, bis 85 h in 2 Wochen	betrifft speziell Erntezeit in der Landwirtschaft

Der Urlaubsanspruch von minderjährigen Arbeitnehmern beträgt:

15 Jahre	= 30 Werktage
16 Jahre	= 27 Werktage
17 Jahre	= 25 Werktage (JASchG § 19)

Jugendliche dürfen nicht sonntags, an mehr als 5 Wochentagen oder an mehr als 2 Samstagen im Monat arbeiten (JASchG §§ 15, 16, 17)

Ausnahmebewilligungen erteilt der „Landesausschusses für Jugendarbeitsschutz"

Der Bundesgesetzgeber verfolgt damit insbesondere Bildungsinteressen, denn immer wieder weisen die Bestimmungen auf Schulbesuch hin. Verstöße sind nicht unbedingt an der Tagesordnung. Häufig verschätzen wir uns, wenn wir glauben, eine Arbeitskraft sei wohl unter 15 Jahre alt. In kleinen Familienbetrieben, als Beispiel seien Lebensmittelgeschäfte z. B. türkischer Migranten genannt, werden Kinder häufig bei der Arbeit gesehen. Übrigens setzt sich der Pädagogik-Professor Liebel für mehr Toleranz der Kinderarbeit gegenüber ein. Seine Sichtweise ist eine andere: am Beispiel von Bolivien sieht er dort kulturell verankerte Kinderarbeit, über die wir aus der Sicht des Westens nicht richten dürften. Er möchte Kinderarbeit besser bezahlt sehen, legalisieren und schützen; sie darf keine Schäden anrichten (Liebel im Deutschlandfunk – siehe weblinks).

9.5   Das „gute" KiTa-Qualitäts- und Teilhabegesetz

Noch neuer und aktueller als das KKB ist das bereits im Abschn. 7.1 mit seinem
§ 2 detailliert vorgestellte Bundesgesetz, das sogenannte Gute-KiTa-Gesetz, das
endlich noch einmal Druck auf Länder und Kommunen machen sollte, um die
dringend benötigte Qualität in allen KiTa auszubauen. Dabei geht es um bessere,
geeignete Personalschlüssel und andere Gruppengrößen – die besten Voraussetzungen für Qualität. Der Teilhabeaspekt musste selbstverständlich mit betont und
entwickelt werden wegen des Inklusionsauftrags der UN.

9.6   Gesetz über religiöse Kindererziehung RelKErzG

„Nach Vollendung des vierzehnten Lebensjahres steht dem Kinde die Entscheidung
darüber zu, zu welchem religiösen Bekenntnis es sich halten will" (RelKErzG, § 5).

Das ist eine relativ unbekannte Norm aus dem Jahr 1922. Noch heute unverändert
zeigt das Bundesrecht bezüglich der freien Wahl des religiösen Bekenntnisses
(ab 14 Jahre) eine sehr liberale Position: was die Religionszugehörigkeit anbelangt, können sich theoretisch *alle* Jugendlichen von ihren Eltern aktiv abgrenzen
und durchsetzen. Tatsächlich wird über die Hälfte der deutschen Kinder nach der
Geburt per Elternentscheid willkürlich einer Religion zugeordnet; dadurch werden z. B. völlig wehrlose Kinder, im Judentum pflichtgemäß Babys am 8. Tag, im
Islam auf Empfehlung des Propheten vom 10. Tag bis zum Pubertätsbeginn bzw.
nach dem 10. Geburtstag Jungen irreversibel *beschnitten*. Die Kirchen sowie Kon-
fessionsschulen halten sich verständlicherweise zurück bei der Aufklärung über
den § 5, und leider die meisten öffentlichen Schulen ebenfalls. 14-Jährige mit
dem Kirchenaustritts-Wunsch laufen übrigens zunächst ins Leere: Die Behörden
ermöglicht so etwas erst nach Aufnahme einer Berufstätigkeit mit Einkommen-
steuerpflicht und verlangt zudem eine Gebühr zwischen 15 und 45 €. Wenn Eltern
die Religion wechseln, muss das Kind nicht mit wechseln.

„Hat das Kind das zwölfte Lebensjahr vollendet, so kann es nicht gegen seinen Willen
in einem anderen Bekenntnis als bisher erzogen werden".

9.7 Strafgesetzbuch und Strafprozessordnung

„Verschwiegenheitspflicht ist die Pflicht, ein Geheimnis nicht zu offenbaren. (…)
Ihre Verletzung kann strafrechtliche, dienstrechtliche und schuldrechtliche Folgen
nach sich ziehen" (Köbler 2001, S. 526). Wir müssten nicht auf beide, das StGB
und die StPO gesondert eingehen, würden beide identische Maßstäbe anlegen,
was A) Verschwiegenheitsverpflichtung, juristisch „Verletzung von Privatgeheimnissen" angeht und B) was das Zeugnisverweigerungsrecht vor Staatsanwaltschaft
und Gericht anbelangt. Das Strafgesetzbuch nennt umfänglich alle Berufsgruppen, die (im Rahmen der Berufsausübung) zur Verschwiegenheit verpflichtet
sind, sei es bezogen auf den persönlichen Lebensbereich oder auf Betriebs- und
Geschäftsgeheimnisse:

> „Arzt, (…), Angehörige anderer Heilberufe, Berufspsychologen, Rechtsanwalt, (…),
> Ehe-, Familien, Erziehungs- und Jugendberater, Berater in Suchtfragen, wenn sie in
> Behörden oder anerkannten Trägern beschäftigt sind, Berater im Schwangerschafts-
> konflikt" (StGB § 203 (1).

Also Achtung, Lehrkräfte, ErzieherInnen, Handwerksmeister und Ergotherapeu-
tInnen z. B. gehören *nicht* dazu. Sanktioniert würde per Geldstrafe oder mit
Freiheitsstrafe von bis zu 1 Jahr.

Abweichend benennt die Strafprozessordnung einen etwas kleineren Personenkreis, der vor Gericht „das Zeugnisverweigerungsrecht aus beruflichen Gründen"
besitzt:

> „Geistliche und Seelsorger (…), Verteidiger des Beschuldigten sowie, wenn es um
> im beruflichen Kontext Anvertrautes geht, Rechtsanwälte, Ärzte, Psychologische Psy-
> chotherapeuten, Kinder- und Jugendlichenpsychotherapeuten, Hebammen, Berater im
> Schwangerschaftskonflikt und Betäubungsmittelabhängigkeits-Berater, wenn diese in
> anerkannten Diensten tätig sind".

Hier fehlen dann, und das beklagen die Berufsgruppen vehement, sowohl *andere
BerufspsychologInnen* als auch *andere SozialpädagogInnen* aus den anerkannten
Diensten.

Perspektiven und Positionen zu Inklusion, geschlechtlicher Vielfalt und Gender Mainstreaming

10

10.1 Inklusion in der Kinder- und Jugendhilfe

Am 4. Juni 2021 trat diese perspektivisch „große Lösung" in Kraft – der Bundesrat hatte sie doch noch im Mai zum Abschluss der Legislaturperiode und unmittelbar vor dem Rücktritt der Ministerin Giffey verabschiedet. Die Zusammenführung aller Minderjährigen-Behindertengruppen in den SGB VIII § 35 a ist somit auf den Weg gebracht, soll aber sukzessiv erst/bis 2028 umgesetzt werden. § 7 (2) benennt bereits den ab 2028 im SGB VIII erfassten erweiterten Personenkreis, der dann auch im § 35 a erscheinen wird:

> „Kinder, Jugendliche, junge Volljährige und junge Menschen mit Behinderungen … sind Menschen, die körperliche, seelische, geistige oder Sinnesbeeinträchtigungen haben, die sie in Wechselwirkung mit einstellungs- und umweltbedingten Barrieren an der gleichberechtigten Teilhabe an der Gesellschaft mit hoher Wahrscheinlichkeit länger als sechs Monate hindern können. Eine Beeinträchtigung … liegt vor, wenn der Körper- und Gesundheitszustand von dem für das Lebensalter typischen Zustand abweicht."

Dass eine SGB VIII-Reform dringend stattfinden musste liegt schon allein daran, dass durch die Übernahme der Inklusionsvorgaben der UNBRK 2009 an vielen Stellen von Gesundheits-, Sozial-, Jugendhilfe- und Schulversorgung inzwischen ganz neue Ausgangsbedingungen und -Perspektiven stehen. Denn wie wir im Kap. 5 gesehen haben, kümmert sich das SGB VIII rechtlich fixiert seit 1995/96 einerseits auch um Kinder und Jugendliche, die seelisch behindert sind; andererseits fanden und finden Minderjährige mit körperlichen, Sinnes- oder geistigen Handicaps Förderansprüche traditionell im Sozialhilfegesetz, heute SGB XII (Sozialhilfe), §§ 53 und 54.

© Springer Fachmedien Wiesbaden GmbH, ein Teil von Springer Nature 2021
M. Günther, *Kinder- und Jugendhilferecht*, essentials,
https://doi.org/10.1007/978-3-658-35224-0_10

Nach Meinung der wesentlichen Fachkoryphäen war diese Trennung nicht mehr aufrecht zu erhalten (siehe Fegert, M. 2021, der im Übrigen kritisiert, dass Behinderung bei den Minderjährigen gemäß ICD, bei den Erwachsenen aber nach dem ICF erfolgt). Zunächst wurde das SGB IX (Rehabilitation und Teilhabe von Menschen mit Behinderungen) aus 2010 novelliert (in Kraft seit 2018) und sehr deutlich verändert. Im Hintergrund stand dabei das Artikelgesetz BTHG aus 2016 (vgl. Konrad, M.), das auch z. B. im Jahr 2020 den § 35 a (3) des SGB VIII so änderte:

„Aufgabe und Ziele der Hilfe, die Bestimmung des Personenkreises sowie Art und Form der Leistungen richten sich nach Kapitel 6 des Teils 1 des Neunten Buches sowie § 90 und den Kapiteln 3 bis 6 des Teils 2 des Neunten Buches, soweit diese Bestimmungen auch auf seelisch behinderte oder von einer solchen Behinderung bedrohte Personen Anwendung finden …"

Etwas kompliziert erscheint die gemäß KJSG angeschobene zeitliche Stufung von Inklusion über das und im SGB VIII, für die folgende Regelung fixiert ist:

1. ab sofort (Juni 2021) bestimmt der § 35 a auch, dass *bei drohender* seelischer Behinderung therapeutische Eingliederungshilfe zu leisten ist (ein Rückgriff auf die Position des BSHG bis 1996).
2. der neue § 10 a wird im am 1.1.2022 gültig; es geht um „Beratung"; ab sofort haben demnach leistungsberechtigte „junge Menschen, Mütter, Väter, Personensorge- und Erziehungsberechtigte" Anspruch auf „Beratung in einer für sie wahrnehmbaren Form", „auf ihren Wunsch auch im Beisein einer Person ihres Vertrauens", was rückblickend wie eine Ohrfeige für die Verwaltungen der Jugendämter erscheint.
3. der neue § 10 b „Verfahrenslotse" besagt, dass in einer Übergangsphase von Januar 2024 an die Funktion eines Verfahrenslotsen beim Jugendamt eingerichtet wird, der als Ansprechpartner für Eltern und andere Erziehungsberechtigte fungiert; § 10 b tritt ab 2028 wieder außer Kraft
4. der § 10 (4) wird gültig am 1.1.2028, (nur) nachdem der Bund vor dem 1.1.2027 ein Teilhabe-Gesetz „auf Grundlage einer prospektiven Gesetzesevaluation" erlassen hat, das „das Nähere über den leistungsberechtigten Personenkreis, Art und Umfang der Leistung, die Kostenbeteiligung und das Verfahren" bestimmen wird.

diesbezüglich regt Fegert (2021) an, solchen Kommunen, die schneller und entsprechend engagiert sind, eine Experimentierklausel zu gewähren, um schon
deutlich früher – bei entsprechender Evaluation – die vollständige Umsetzung,
sprich Förderung *aller* Kinder und Jugendlichen mit unterschiedlichen oder
kombinierten Behinderungsformen zu gestatten.

10.2 Geschlechtliche Vielfalt und Gender Mainstreaming – Ansätze in den Sprachregelungen des BMFSFJ

Seit 2014 finden wir im Bundesministerium für Familie und Jugend auch ein
Referat (215) „Gleichgeschlechtliche Lebensweisen, Geschlechtliche Vielfalt" in
der Unterabteilung 21 der Abteilung 2, Familie. Einige Bundesländer machen es
gleich; Vorreiter war das Land Berlin 2010 unter dem Regierenden Bürgermeister
Klaus Wowereit.

Von hier gehen auch die sprachlichen Reformen und Anpassungen aus; es
wurden z. B. Fragebögen ergänzt und mit den *Geschlechtsvarianten* „männlich –
weiblich – divers" versehen; die Kassenärztliche Vereinigung Nordrhein schrieb
aber anstelle von *divers* „Taucher" (kein Scherz).

Bei intergeschlechtlichen Menschen mit ärztlicher Bescheinigung kann seit
2018 der Personenstand offen bleiben.

Auch benutzen die Ministeriums-Referate inzwischen, wenn es um *sexuelle
Orientierungen* geht, regelmäßig die Abkürzung „LSBTI-Personen", was für les-
bisch, schwul, trans- und intergeschlechtlich steht. In der Szene kursieren weitere
Abkürzungen, so wird zum einen noch ein Q für „queer", ein A für asexu-
ell sowie häufig einfach ein „ + " oder * für weitere Varianten angefügt. Das
„Regenbogenportal" des Ministeriums informiert.

Tatsächlich finden solche Ausdifferenzierungen nun auch Eingang in Gesetze.
Das aktuelle SGB VIII von Juni 2021 verlangt bezüglich der vorhandenen *verschiedenen Geschlechter* die unterschiedlichen Lebenslagen von „Mädchen, Jungen sowie transidenten, nichtbinären und intergeschlechtlichen jungen Menschen
zu berücksichtigen", siehe § 9 (3) 3.. Danach – ebenfalls neu – fordert es „die
gleichberechtigte Teilhabe von jungen Menschen mit und ohne Behinderungen
umzusetzen und vorhandene Benachteiligungen abzubauen (vgl. Abschn. 10.1).

Damit haben sich die großen, alten Volks- und Regierungsparteien CDU und
SPD auch in diesen sensiblen Fragen „geoutet"; außerdem vertreten bzw. erlauben
sie den Spitzen der Verwaltungen, den Körperschaften und Öffentlichen Stif-
tungen (gegen den massiven Widerstand z. B. von FDP-Kubicki, Vizepräsident
des Bundestages, der die Binnenbetonung „Elitensprache" nennt) die umstrittene

lautsprachliche Umsetzung des Gender-Mainstreaming-Auftrags im § 2 der GGO, nämlich „Förderung der Gleichstellung von Frauen und Männern zum Leitprinzip bei allen politischen, normgebenden und verwaltenden Maßnahmen", wie sie 1999 der Amsterdamer Vertrag i. V. m. Artikel 13 EGV in der EU entwickelte, mit Eingang auch ins GG Artikel 3 (2). Geschlechter sollen positiv diskriminiert angesprochen werden. Was die Vereinheitlichung von schrift- und lautsprachlichen Techniken zur Unterstreichung von Gender Mainstreaming anbelangt, finden wir weiterhin aber keine „offiziellen" ministeriellen Vorgaben oder Orientierungshilfen anstelle des irritierenden Nebeneinanders; offenbar warten die Behörden ab, ob Duden, Wikipedia und andere Wörterbücher solche Änderungen einführen, nutzen aber intern dieses oder jenes „Gendern". Während sich der *Duden* vorsichtig heranwagt und „Gendersternchen, Gender-Gap, Grender-I" in diesen Kontexten auch relativierend benennt, bleibt die *de.wikipedia* noch streng beim generischen Maskulinum. Lautsprachlich ist in den Medien ein recht erbitterter Streit entbrannt, ob denn der als Gender-Gestotter diskreditierte Glottisschlag, wie ihn z. B. ARD-SprecherInnen inzwischen benutzen (Knacklaut, Kehlkopfverschlusslaut, wie in „Teilnehmer:innen", „Atomuhr" oder „Textilreinigerinnung") eine Zumutung sei; die Kabarettistin (und „Innen*Ministerin") Carolin Kebekus konterte „Alles wird sich gendern: Erbseneintopf, Spiegelei (gib mir den Glottisschlag)…" (ARD-Show vom 18.06.2021).

Erratum zu: Kinder- und Jugendhilferecht

Erratum zu:
M. Günther, *Kinder- und Jugendhilferecht*, essentials,
https://doi.org/10.1007/978-3-658-35224-0

Die in Kap. 1 aufgeführte Abkürzungsliste war aufgrund einer Auslassung beim Begriff BMFSFJ, Bundeskinderschutzgesetz falsch dargestellt. Dies ist nun korrigiert. BMFSFJ - Bundeskinderschutzgesetz: > *ein Artikelgesetz aus 2012* „Gesetz zur Stärkung eines aktiven Schutzes von Kindern und Jugendlichen"

Die originale Version dieses Buches wurde in Abschn. 8.3 ohne Abbildung veröffentlicht. Diese wird nachstehend ergänzt.

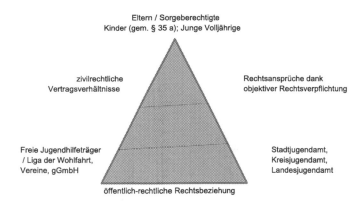

Die Online-Version dieser Kapitel finden Sie unter
https://doi.org/10.1007/978-3-658-35224-0_1
https://doi.org/10.1007/978-3-658-35224-0_8

© Springer Fachmedien Wiesbaden GmbH, ein Teil von Springer Nature 2022
M. Günther, *Kinder- und Jugendhilferecht*, essentials,
https://doi.org/10.1007/978-3-658-35224-0_11

Was Sie aus diesem *essential* mitnehmen können

- das SGB VIII – seit 1990/91 für ganz Deutschland, Stand 1. Juli 2021
- die Kerne des SGB VIII: Aufgaben, Leistungen, Maßnahmen
- drei lehrreiche Fallbeispiele zu den Hilfen zur Erziehung
- Qualitätsentwicklung in Kindertagesstätten
- die wichtigsten anderen Jugendgesetze
- wie setze ich meinen Rechtsanspruch durch?
- Rolle der Länder und Kommunen, der „LIGA" sowie der Freien Träger
- Blick auf KJSG-Neuerungen – zukünftige Inklusion im reformierten SGB VIII ab 2028
- empfehlenswerte weiterführende Literatur sowie Kommentare

© Springer Fachmedien Wiesbaden GmbH, ein Teil von Springer Nature 2021
M. Günther, *Kinder- und Jugendhilferecht*, essentials,
https://doi.org/10.1007/978-3-658-35224-0

Zeitschriften und andere Periodika

- „Bericht über die Lage junger Menschen und die Bestrebungen und Leistungen der Kinder- und Jugendhilfe" (alle vier Jahre) – aktuell: 16. Kinder- und Jugendbericht vom 11.11. 2020 https://www.bmfsfj.de/resource/blob/162.232/27ac76c3f5ca10b0e914700ee54060b2/16-kinder-und-jugendbericht-bundestag sdrucksache-data.pdf
- „Behindertenrecht" 7× jährlich; Boorberg, München
- „Forum Jugendhilfe" 4× jährlich. AGJ, Berlin
- „Fürsorgerechtliche Entscheidungen der Verwaltungs- und Sozialgerichte", Boorberg, Stuttgart
- „FuR Familie und Recht". 12× jährlich, Luchterhand, Neuwied
- „Jugendhilfe" 6× jährlich; WoltersKluwer, Neuwied
- „Jugend in Deutschland" = „Shell Jugendstudie"; zuletzt Nr. 18 „Jugend 2019", Weinheim
- „KomDat" = („Kommentierte Daten der Kinder- und Jugendhilfe"); 3× jährlich, Dortmund
- „Pädagogik" 11× jährlich; Beltz, Hamburg
- „Sozial Extra", „Zeitschrift für Soziale Arbeit"; Springer, Wiesbaden
- „Zentralblatt für Jugendrecht", Köln
- „ZKJ" = „Zeitschrift für Kindschaftsrecht und Jugendhilfe"; Bundesanzeiger-Verlag Köln

Hotlines, Online-Hilfen

- Medizinische Kinderschutzhotline 08001921000
- Nummer gegen Kummer 116111
- Online-Beratung f. Minderjährige www.bke-jugendberatung.de

© Springer Fachmedien Wiesbaden GmbH, ein Teil von Springer Nature 2021
M. Günther, *Kinder- und Jugendhilferecht*, essentials,
https://doi.org/10.1007/978-3-658-35224-0

- Online-Beratung f. Eltern www.bke-eltern.de
- Häusliche Gewalt: BIG 030 6110300
- Bundesnetzwerk Ombudschaft Jugendhilfe 030 2130873

Literatur

Gesetzes-Kommentare

Baumann, C. (2009). *Pocket Recht. Juristische Grundbegriffe.* Hrsg. von der Bundeszentrale für politische Bildung, Bonn.

Creifels, C. (2017). *Rechtswörterbuch.* Beck.

Deutscher Verein für öffentliche und private Fürsorge (Hrsg.). (2011). *Fachlexikon Soziale Arbeit.* Nomos.

Fieseler, Schleicher, Busch, & Wabnitz (Hrsg.). (2019). *GK-SGB VIII – Kinder- und Jugendhilferecht, Rechtssicherheit und Argumentationshilfen für die Praxis. Loseblattwerk mit Aktualisierungen.* Beck.

Knickrehm, S. (Hrsg.). (2019). *Kommentar zum Sozialrecht: SGB I-XII, SGG, BAföG, BEEG, Kindergeld (EStG), UnterhaltsvorschussG, WoGG.* Beck.

Köbler. (2018). *Juristisches Wörterbuch* (17. Aufl.). Vahlen.

Münder, J., Meysen, T., & Trenczek, T. (Hrsg.). (2019). *Frankfurter Kommentar zum SGB VIII: Kinder- und Jugendhilfe .* Nomos.

Schlegel, R., & Voelzke, T. (Hrsg.). (2014). *Juris Praxiskommentar SGB VIII.* Juris.

Westerholt, M. (Hrsg.). (Loseblatt seit 2001). *Kinder- und Jugendhilfe Rechtsprechungssammlung.* Votum.

Wiesner, R. (2005). *SGB VIII Kinder u. Jugendhilfe. Kommentar* (4. Aufl.). Luchterhand München; dort auch (5.) 2015.

Literatur und Leitfäden

Balloff, R. (2018). *Kinder vor dem Familiengericht.* Nomos.

Böwing-Schmalenbrock, M. (2019). *Zwischen Quantität und Qualität – aktuelle Kita-Personalschlüssel.* KomDat H 1

Buschhorn, C., & Karsunky, S. (2018). Frühe Hilfen und Kinderschutz. *Forum Jugendhilfe,1*(2018), 38–43.

Fegert, J. M. *Was ist seelische Behinderung?* Votum.

Fegert, J. M. *Die Macht der Täter brechen.* In FAZ, 10.07.2018.

© Springer Fachmedien Wiesbaden GmbH, ein Teil von Springer Nature 2021
M. Günther, *Kinder- und Jugendhilferecht*, essentials,
https://doi.org/10.1007/978-3-658-35224-0

Fuest, B. *Die Zwangsfilter-Idee würde nicht nur Kinder aussperren.* In Die Welt 28.06.2021, S. 10.

Günther, M. (2019). *Alles was jungen Menschen Recht ist* (4. Aufl.). Verlag mg-joker.

Günther, M. (2018). *Hilfe! Jugendhilfe* (S. 528). Rheine darin: „Kindeschutz – ohne Gesetz" Wiederabdruck aus „Tagesspiegel" vom 14.10.2014; darin „Hilfen für junge Volljährige nach SGB VIII § 41"

Henschel, A. et al. (Hrsg.). (2008). *Jugendhilfe und Schule* (S. 780). VS Verlag.

Jordan, E., & Schone, R. (1992). *Jugendhilfeplanung aber wie?.* Votum.

Kepert, J., & Kunkel, P.-Chr. (2017). *Handbuch Kinder- und Jugendhilferecht* (S. 604). VS Verlag.

Konrad, M. „Kinder- und Jugendstärkungsgesetz: Auf dem Weg zur inklusiven Lösung?" in: Psychosoziale Umschau 1/2021, S. 30–31.

Münder, J. (2007). *Kinder- und Jugendhilferecht.* Deutscher Gemeindeverl.

Münder, J., & Ottenberg, P. (2004). *Der Jugendhilfeausschuss.* Votum

Münder, J., & Trenczek, T. (2015). *Kinder- und Jugendhilferecht.* utb/Nomos

Oberloskamp, H., Brosch, D., Brosey, D., & Grühn, C. (2011). *Jugendhilferechtliche Fälle für Studium und Praxis.* Luchterhand.

Thimm, K. (2008). Schuldistanzierung. In A. Henschel, R. Krüger, Chr. Schmitt, & W. Stange (Hrsg.), *Jugendhilfe und Schule* (S. 311–332). VS Verlag für Sozialwissenschaften.

Von Hasseln-Grindel, S. (Hrsg.). (2021). *Jugendrechtsberater. 4. neu bearb.* Wissenschafts-Verlag.

Wabnitz, R. J. (2009). *Grundkurs Kinder- und Jugendhilferecht für die soziale Arbeit.* UTB GmbH.

Wiesner, R. (2004). Das Kindeswohl, Wächteramt des Staates und die Garantenstellung der Sozialarbeiterin/des Sozialarbeiters zur Abwehr von Gefahren für das Kindeswohl. *Zentralblatt für Jugendrecht,91*(5), 161–172.

weblinks

**Ausarbeitung. Deutscher Bundestag (Wissenschaftliche Dienste): „Zur religiösen Bedeutung der Beschneidung von Jungen im Islam und Judentum" https://www.bundestag.de/resource/blob/407886/55d4a0a8c48a1a9bb74048feecdb627c/WD-1-086-12-pdf-data.pdf.

**BMFSFJ (14.02.2020) „Kinder- und Jugendhilfe" https://www.bmfsfj.de/resource/blob/94106/40b8c4734ba05dad4639ca34908ca367/kinder-und-jugendhilfegesetz-sgb-viii-data.pdf.

*Braunert, S., & Günther, M. (2005). Erhebung zur Situation der Erziehungs- und Familienberatungsstellen. Rahmenbedingungen, Prävention, Kooperation, Bonn. www.kriminalpraevention.de/dfk-publikationen.html.

*de.wikipedia.org > Ausführungsgesetz zum KJHG; Berliner Rechtshilfefonds Jugendhilfe; Deutscher Jugendhilfetag; Gesetz zur Kooperation und Information im Kinderschutz; Insoweit erfahrene Fachkraft (Kinderschutz); Jugendhilfestation; Liste von Projekten und Programmen Gewaltprävention/Soziales Lernen; Schulersatzprojekt (alle begründet von Günther, M.).

*EREF. Zwischenruf. https://afet-ev.de/aktuell/aus_der_republik/PDF-Dateien/2018/Zwischenruf-der-Erziehungshilfefachverbaende.Juni2018docx.pdf?m=1539782006.

**KJSG vom 3. Juni 2021 https://www.bgbl.de/xaver/bgbl/start.xav?startbk=Bundesanz eiger_BGBl&jumpTo=bgbl121s1444.pdf#__bgbl__%2F%2F*%5B%40attr_id%3D% 27bgbl121s1444.pdf%27%5D__1624874935292.

*Bündnis Kinder- und Jugendhilfe „Zur Novelle des SGB VIII" http://kijup-sgbviii-reform. de/wp-content/uploads/2016/07/B%C3%BCndnis-KJH_StN-zum-GesE-SGB-VIII-Ref orm-02.09.2016-1.pdf.

*jugendsozialarbeit. news : http://kijup-sgbviii-reform.de/wp-content/uploads/2016/07/B% C3%BCndnis-KJH_StN-zum-GesE-SGB-VIII-Reform-02.09.2016-1.pdf.

*erziehungsfachverbände: https://jugendsozialarbeit.news/media/raw/Zwischenruf_Erzieh ungs_Verbaende_SGB_VIII_Reform.pdf.

*Liebel, M. „Kinderarbeit verbieten?" in Deutschlandfunk Kultur. https://www.deutschla ndfunkkultur.de/gesellschaft-kinderarbeit-verbieten-nein-besser-bezahlen.954.de.html? dram:article_id=288996.

**Fegert, J.M. „Eingangsstatement" Vortrag anlässlich der KJSG-Expertenanhörung im Familienausschuss des Deutschen Bundestags am 22.02.2021, 14.00 Uhr. https://www. bundestag.de/resource/blob/822406/14407f479747cda85be6cbc0053afa1e/19-13-116f-data.pdf.

**Lehmkuhl wird zitiert in: Augsburger Allgemeine vom 19.05.2013, „Angstzustände und Tunnelblick: Meine Tage auf Ritalin" https://www.augsburger-allgemeine.de/wissen schaft/Selbstversuch-Angstzustaende-und-Tunnelblick-Meine-Tage-auf-Ritalin-id2522 0166.html.

* weblinks abgerufen am 31. August 2019
** weblinks abgerufen am 30. Juni 2021

Printed in the United States
by Baker & Taylor Publisher Services